"十三五"国家重点出版物出版规划项目·重大出版工程规划

中国工程院重大咨询项目成果文库

推动能源生产和消费革命战略研究系列丛书

（第二辑）

丛书主编　谢克昌

"一带一路"能源合作与西部能源大通道建设战略研究

黄维和　韩景宽　王玉生 等　著

科学出版社

北　京

内 容 简 介

本书是"推动能源生产和消费革命战略研究丛书(第二辑)"之一。本书梳理了我国与"一带一路"国家能源的合作基础和存在问题,制定了"一带一路"未来能源合作战略;基于各类能源时空演变过程和 LEAP 模型预测结果,研判了我国未来西部到东部能源流向总体规模;结合西部能源通道现状和存在问题分析,首次构建了涵盖煤炭、石油、天然气和电力的我国西部综合能源大通道发展战略和实现"横向多能互补、纵向优化配置"的能源互联网架构;利用层次分析法和优化配置法,量化分析了西部能源大通道建设顺序;最后提出了"一带一路"能源合作与西部能源大通道建设政策建议。

本书可供政府、能源领域企业和研究机构中的管理人员及研究人员,大专院校能源相关专业师生,以及其他对我国能源和通道感兴趣的社会公众阅读参考。

图书在版编目(CIP)数据

"一带一路"能源合作与西部能源大通道建设战略研究 / 黄维和等著.
—北京:科学出版社,2019.2
  (推动能源生产和消费革命战略研究系列丛书 / 谢克昌主编. 第二辑)
  "十三五"国家重点出版物出版规划项目·重大出版工程规划
  中国工程院重大咨询项目成果文库
  ISBN 978-7-03-060404-0

  Ⅰ.①一… Ⅱ.①黄… Ⅲ.①"一带一路"-能源经济-国际合作-研究
②西部经济-能源经济-国际合作-研究-中国 Ⅳ.①F416.2 ②F426.2

  中国版本图书馆 CIP 数据核字(2019)第 009017 号

责任编辑:李 莉 / 责任校对:张林红
责任印制:徐晓晨 / 封面设计:正典设计

科学出版社 出版
北京东黄城根北街 16 号
邮政编码:100717
http://www.sciencep.com

北京虎彩文化传播有限公司 印刷
科学出版社发行 各地新华书店经销
*
2019 年 2 月第 一 版 开本:720×1000 1/16
2019 年 11 月第三次印刷 印张:9
字数:180 000
定价:128.00 元
(如有印装质量问题,我社负责调换)

推动能源生产和消费革命战略研究系列丛书（第二辑）
编委会成员名单

项目顾问

徐匡迪　中国工程院　第十届全国政协副主席、中国工程院主席团名誉主席、原院长、院士

周　济　中国工程院　中国工程院主席团名誉主席、原院长、院士

项目负责人

谢克昌　中国工程院　原副院长、院士

彭苏萍　中国工程院　院士

课题负责人

第 1 课题	中国农村能源革命与分布式低碳能源发展	杜祥琬
第 2 课题	农村能源技术领域的若干重大问题分析	倪维斗
第 3 课题	农村能源供给绿色化及用能清洁化与便利化	陈　勇
第 4 课题	西部地区油气发展战略研究	赵文智
第 5 课题	西部煤炭资源清洁高效利用发展战略研究	彭苏萍
第 6 课题	西部清洁能源发展战略	黄其励、倪维斗
第 7 课题	"一带一路"能源合作与西部能源大通道建设	黄维和
第 8 课题	中国农村、西部与"一带一路"能源生产与消费知识系统建设	谢克昌
综合课题	农村能源革命和西部能源发展战略思路与举措	谢克昌

课题组成员名单

组长

黄维和　韩景宽

副组长

赵忠德　林仲洪　沈珏新　曾　鸣　罗志伟

执笔组长

王玉生　陈进殿

执笔（按姓氏笔画排序）

马华伟　王　军　王永利　田　瑛　付定华　伍杰源　刘二利　刘　晨
刘　洋　冯　捷　吴　全　杨宏伟　沈　鑫　张　珊　张　硕　孟诗语
赵宇刚　郝迎鹏　高永刚　徐彬彬　黄　龚　梁　栋　韩　旭　焦中良
戴新鎏　魏传博

序　一

能源是国家经济社会发展的重要基础，事关我国现代化建设的全局。2014 年以来习近平总书记关于推动能源生产与消费革命的一系列指示和要求，为我国能源发展指明了方向。农村是我国全面建成小康社会任务最艰巨最繁重的地区，农村能源革命直接关系全国能源生产与消费革命的成败，西部地区在我国经济社会发展和能源生产与消费方面处于特殊地位，本身也面临不少突出的矛盾和问题，推动西部地区和农村地区的能源生产与消费革命具有重要意义。

为积极推进我国农村和西部地区能源生产与消费革命，中国工程院在 2013 年启动、2015 年完成"推动能源生产和消费革命战略研究"（一期）重大咨询项目后，及时将农村能源革命与西部能源发展作为第二期重大项目开展后续研究。研究工作紧紧立足我国农村地区和西部地区的发展实际，全面贯彻近几年来关于农村发展、区域发展、"一带一路"能源合作等一系列最新政策，充分利用先期取得的成果和结论，围绕农村和西部地区能源生产与消费革命，认真分析突出的矛盾和问题，从多个方面开展针对性研究，努力化解特殊矛盾，解决各种具体问题，基本形成农村地区和西部地区推进能源生产与消费革命的总体思路，提出一系列重大举措。本丛书是第二期项目研究的最终成果，对指导农村地区和西部地区能源生产与消费革命具有积极意义，可供有关领导和部门参考。

参与第二期项目的各位院士和专家，有不少参与过第一期项目，也有许多是第二期项目研究过程中才加入的，大家高度负责、发挥优势、精诚协作，为完成项目研究任务做出了积极的贡献。

推动能源生产与消费革命任重道远。党的十九大明确开启全面建设社会主义现代化国家新征程，提出我国经济已由高速增长阶段转向高质量发展阶段，这为推动能源生产与消费革命提出了新的要求。中国工程院作为国家高端智库，将在第一期和第二期研究工作的基础上，进一步结合新的形势和要求继续开展相关研究，力争为党中央和政府部门进行科学决策提供强有力的支撑。

2018 年 11 月 17 日

序　二

　　能源是经济社会发展的动力来源，更是人类社会赖以生存的物质基础。当今世界，自 18 世纪西方的工业革命以来，化石能源一直是人类的主体能源。化石能源的大量使用，带来生态、环境和气候等领域的一系列问题，主动应对挑战，加快能源转型，实现清洁低碳发展已成为世界范围内的自觉行为和基本共识。面对由页岩油气引发的能源供需格局新变化、国际能源发展新趋势，我国必须加快推进能源生产和消费革命，保障国家能源安全。

　　新时代提出新要求，实施"一带一路"建设、京津冀协同发展战略、长江经济带发展战略，推进新型城镇化，实施乡村振兴战略，建设美丽中国、美丽乡村，为推进能源革命构筑广阔舞台。其中，能源合作是"一带一路"建设的重要支点，而西部地区又是我国能源国际合作的重要战略通道承载地和桥头堡。在确保经济有效和安全的能源转型过程中，不仅在国家之间，而且在富裕和贫困地区之间都应坚持公平和可持续发展的原则，我国要"全面建成小康社会最艰巨最繁重的任务在农村，特别是在贫困地区"[①]。而农村能源作为我国能源的重要组成部分，是实现农村全面小康的物质基础，推进农村能源革命，实现能源供应清洁化、便利化是建设美丽乡村的必然要求，农村能源革命的成败也直接关系到全国能源革命的成败。

　　为更好地服务"一带一路"建设和推进能源革命战略，必须结合我国能源开发利用总体战略布局，立足我国西部能源资源丰富、种类齐全但开发利用不合理、环境脆弱、经济落后，特别是农村能源结构不合理、消费不科学、人均用量少的实际，以习近平总书记对能源生产和消费革命的系统阐述为基本遵循，以推动农村能源革命和加速西部能源科学开发利用为重点，开展战略咨询研究，这既是破除城乡二元体制全面加速我国城镇化建设的必然要求，也是全面建成小康社会的战略需求。

　　作为中国工程科学技术界的最高荣誉性、咨询性学术机构，中国工程院为及时通过战略研究支撑国家科学决策，于 2013 年 5 月启动了由谢克昌院士负责的"推动能源生产和消费革命战略研究"重大咨询项目系列研究。一期研究提出能源革

---

① http://sc.people.com.cn/n2/2016/0118/c365889-27568771.html。

命的战略思路、目标重点、技术路线图和政策建议。基于一期研究中发现的能源革命深层次问题，项目组认为要加强"一带一路"能源合作和农村能源革命的研究。因此，中国工程院于 2015 年 10 月又启动了"推动能源生产和消费革命战略研究"项目的二期工作。二期项目由中国工程院徐匡迪主席和时任院长周济院士担任顾问，下设九个课题，分别由能源领域相关专业的院士担任课题组长。来自科研院所、高等院校和大型能源企业共计 300 多名专家、学者参与研究及相关工作，其中院士 36 位。项目组力求通过该项目的研究，以"农村能源革命与西部能源发展"为研究重点，紧紧把握能源生产和消费革命及"一带一路"倡议的重要战略机遇，结合我国能源开发利用总体战略布局，进一步完善国家农村及西部能源战略，为中长期国家西部及农村能源发展规划提供切实可行的政策建议。项目研究按照"服务决策、适度超前"的原则，坚持咨询研究的战略性、时效性、可行性、独立性，历时两年半，经过广泛的专家讨论、现场调研、深入分析、成果交流和征求意见，最终形成一份项目综合报告和七份课题报告并出版成册。

《农村能源革命与西部能源发展战略研究（综合卷）》由中国工程院谢克昌院士领衔，在对八个课题报告进行深入总结、集中凝练和系统提高的基础上，提出新形势下要按照"供需协调、洁煤治霾，扬电引气、优化结构，创新驱动、多能互补，服务支撑、绿色高效，市场运作、政策保障"的总体原则进行农村能源革命。通过控制散煤利用推进农村煤炭消费方式变革、创新发展模式推进农村可再生能源开发利用、构建能源网络推进农村能源向清洁电力和燃气发展、强化节能环保推进农村能源综合服务体系建设，实现我国农村能源革命战略目标：2020 年，基本建成适应农村全面小康社会需要的清洁、便利、安全、有效的能源供需体系；2035 年，初步建成清洁、低碳、安全、高效的新型农村能源体系；2050 年，建成城乡一体化、城乡平等的清洁、低碳、安全、高效的能源体系，实现能源强国的目标。关于我国西部能源和"一带一路"能源合作要遵循"生态优先、清洁高效、科学有序、常非并重、互利共赢"的原则，提出"三步走"发展战略目标，最终实现煤炭清洁高效可持续开发利用、石油稳定发展、天然气倍增发展、清洁能源科学有序发展，将西部地区建成我国重要的煤炭、清洁能源、油气能源基地，同时，西部能源大通道要成为我国东、西部地区能源供需和"一带一路"能源合作的重要纽带，助力西部地区成为我国能源安全的重要保障。

《中国农村能源革命与分布式低碳能源发展战略研究》由杜祥琬院士牵头，主要总结发达国家农村能源发展的经验和教训，深度调研我国农村能源利用的现状、存在的问题，研究我国农村能源发展的方向、分布式低碳能源发展前景等。紧密结合我国新型城镇化和农业现代化建设的要求，提出我国农村能源革命和建设分布式低碳能源网络的政策、措施和建议。

《农村能源技术领域的若干重大问题分析》由倪维斗院士牵头，主要调查我国农村能源技术发展现状、潜力，分析农村能源革命的关键技术及产业化、规模化应用的技术路线图，提出我国农村能源发展应以可持续发展为理念。以解决"三农"问题和实现城乡一体化发展为导向，实施"农村低碳能源替代工程"。尽快全面深化政策、金融等方面的体制、机制改革，从建筑节能、生物质能源利用和多能协同利用等多个方面着手，力争早日构建因地制宜、多能互补的创新型农村能源技术体系。

《农村能源供给绿色化及用能清洁化与便利化》由陈勇院士牵头，结合我国新农村建设和新型城镇化发展，分析我国农村能源供给侧发展现状和终端用能消费现状，预测未来供给能力和消费需求，分析供给绿色化的可行性，明确农村能源未来的发展方向和目标，并提出进一步深入讨论其经济效益、管理模式、关键技术及产业化，为我国农村能源供给利用方法提供宏观决策建议。

《西部油气发展战略研究》由赵文智院士牵头，主要分析我国西部油气资源储量和开发利用现状，从西部地区剩余油气资源潜力与重点勘探方向、西部地区油气开发利用趋势与技术创新支撑体系、新疆成为国家大型油气生产加工与储备基地的可行性、西部地区油气发展战略与路线图四个方面全面分析西部地区油气资源潜力、勘探发现规律与储量增长趋势、开发利用前景。论证西部（新疆）建设国家大型油气基地以及新疆成为国家大型油气生产加工与储备基地的可行性，提出我国西部能源油气资源发展战略及其相应政策建议。

《西部煤炭资源清洁高效利用发展战略研究》由彭苏萍院士牵头，主要研究我国西部内蒙古、陕西、甘肃、宁夏、新疆五省区煤炭清洁高效利用的战略问题，调查我国西部煤炭资源储量和开发利用现状，论证西部（新疆）建设国家煤炭-煤电-煤化工基地的可行性。总结提出西部煤炭资源清洁高效利用的战略思路和发展目标、重点任务与实施路径及措施建议。

《西部清洁能源发展战略研究》由黄其励院士和倪维斗院士牵头，主要研究新疆、青海、西藏、内蒙古和云南等西部地区的风能、太阳能（光伏、光热）、水能、地热能、生物质能等清洁能源储量和开发利用现状。在全面建成小康社会和推进"一带一路"建设背景下，分析国家对西部能源基地的战略需求，总结提出西部清洁能源发展的战略思路和关键技术需求。同时，分析未来 10 年将新疆、青海、甘肃等地建设成为国家重要风能和太阳能发电基地，将西藏、四川和云南等地建设成为国家重要水能发电能源基地，以及将西部地区建设成分布式利用清洁能源示范地区的可行性。

《"一带一路"能源合作与西部能源大通道建设战略研究》由黄维和院士牵头，主要研究"一带一路"能源合作基础、风险和存在的问题，提出"一带一路"未来能源合作战略；研判我国东、西部能源未来供需规模和流向，以及我国未来西部到东部能源流向总体规模。结合西部能源通道现状和存在问题分析我国油气、煤炭和电力等能源不同运输方式的经济性，首次提出我国西部综合能源大通道构建战略旨在实现"横向多能互补，纵向优化配置"的能源互联网架构。最后提出我国未来"一带一路"能源合作与西部能源大通道构建的政策建议。

　　"推动能源生产和消费革命战略研究系列丛书（第二辑）"是我国能源领域广大院士和专家集体智慧的结晶。一些重要研究成果已经及时上报中央和国家有关部门，并在能源规划政策中被采纳。作为项目负责人，值此丛书出版之际，对参加研究的各位院士和专家的辛勤付出深表谢意！需要说明的是，推动能源生产和消费革命是一项长期战略，目前项目组新老成员已在第一期和第二期研究成果的基础上启动第三期项目研究。希望项目研究团队继续努力，再接再厉，乘胜而为，在"推动能源生产和消费革命战略研究"（三期）中取得新业绩，以科学的咨询支撑国家能源发展的科学决策，助力我国能源经济社会的可持续发展。

中国工程院
"推动能源生产和消费革命战略研究"
系列重大咨询项目负责人

2018 年 11 月

前　　言

一、研究背景

2012 年 11 月十八大报告首次提出"推动能源生产和消费革命，控制能源消费总量，加强节能降耗，支持节能低碳产业和新能源、可再生能源发展，确保国家能源安全"[①]；2014 年 6 月，中央财经领导小组召开第六次会议，聚焦能源安全战略，习近平总书记提出了推动能源消费革命、供给革命、技术革命、体制革命和全方位加强国际合作，实现开放条件下能源安全。2015 年 3 月经国务院授权发布的《推动共建丝绸之路经济带和 21 世纪海上丝绸之路的愿景与行动》标志着"一带一路"从构想、宣传推动转到了具体实施阶段，其中能源合作是"一带一路"倡议的重要支点。为落实十八大有关精神，中国工程院于 2013 年 5 月 20 日正式启动重大咨询项目"推动能源生产和消费革命战略研究"，谢克昌院士为该项目负责人，于 2015 年 10 月完成项目验收。为深化项目一期研究成果，2015 年 10 月，中国工程院提出了"推动能源生产和消费革命战略研究"二期立项研究工作，2016 年 1 月正式立项。该项目作为中国工程院 2016 年重大咨询项目，下设"中国农村能源革命与分布式低碳能源发展""农村能源技术领域的若干重大问题分析""农村能源供给绿色化及用能清洁化与便利化""西部地区油气发展战略研究""西部煤炭资源清洁高效利用发展战略研究""西部清洁能源发展战略""'一带一路'能源合作与西部能源大通道建设""中国农村、西部与'一带一路'能源生产与消费知识库""农村能源革命和西部能源发展战略思考与举措（综合组）"九个课题。其中，中国石油天然气股份有限公司规划总院牵头负责课题七——"'一带一路'能源合作与西部能源大通道建设"研究工作。在项目研究过程中进行了多次院士和专家研讨，确定课题研究内容包括"一带一路"能源合作现状及前景分析、中国能源供需现状及发展趋势、中国西部能源大通道构建战略及关键技术需求、基于能源互联网的西部能源大通道构建方案，以及推动国际能源合作和西部

[①] 《坚定不移沿着中国特色社会主义道路前进　为全面建成小康社会而奋斗——在中国共产党第十八次全国代表大会上的报告》。

能源大通道建设的政策建议。

本书研究范围如下：

（1）时间范围，现状数据为 2015 年，近期为 2020 年，中期为 2035 年，远期展望到 2050 年。

（2）地域范围，涵盖"一带一路"倡议中提及的 64 个国家，本书"一带"重点研究中亚—俄罗斯地区；"一路"重点研究中东 6 国（沙特阿拉伯、伊朗、伊拉克、科威特、阿拉伯联合酋长国、卡塔尔）和东盟 10 国（马来西亚、印度尼西亚、柬埔寨、老挝、越南、缅甸、泰国、新加坡、菲律宾和文莱）。

中国西部地区是指西北和西南地区。其中，西北地区包括新疆、青海、甘肃、宁夏、陕西和内蒙古（西部）6 省区；西南地区包括重庆、四川、贵州、云南和西藏 5 省区市；其他为中国东部地区（未包含香港、澳门和台湾 3 个地区）。

（3）能源范围，包括煤炭、石油、天然气和电力等。

本书在以下五方面进行了创新研究：

（1）分析了"一带一路"能源合作基础和未来发展战略。在系统分析"一带一路"能源合作现状、风险和存在问题的基础上，制定了"一带一路"未来能源合作战略。

（2）研判了中国东、西部能源未来供需规模和流向。基于各类能源时空演变过程和 LEAP（Long-Range Energy Alternatives Planning System，即长期能源规划替代系统）模型预测结果，系统研判了中国未来西部到东部能源流向总体规模。

（3）构建了中国西部能源大通道建设战略。结合西部能源通道现状和存在的问题，首次提出了中国西部涵盖煤炭、石油、天然气和电力的综合能源大通道建设战略。

（4）提出了基于互联网的西部能源大通道构建框架。首次提出了西部综合能源通道实现"横向多能互补、纵向优化配置"的能源互联网架构；利用层次分析法（analytic hierarchy process，AHP）和优化配置法，量化分析了西部能源大通道建设顺序。

（5）综合研究了通道经济性。综合研究了中国油气、煤炭和电力等能源不同运输方式的经济性。

二、主要认识和结论

主要认识和结论：形成了两大判断，构建了两大战略，提出了相关政策建议。

（1）基于中国未来经济、社会、环境等边界条件的设定，结合能源"四个革命，一个合作"的要求，对未来中国中长期能源总体需求给出了基本判断。

（2）基于未来中国东、西部能源供需分析，对未来西部输送到东部的能源通道发展趋势给出了基本判断。

（3）基于上述两大判断，综合相关行业和机构完成的"一带一路"能源合作研究成果，构建了"一带一路"能源合作和西部能源大通道建设两大战略。

（4）提出了"一带一路"能源合作与西部能源大通道建设政策建议。

目　　录

第一章　"一带一路"能源合作现状及前景分析

一、"一带一路"能源合作现状

在政府推动和企业运作下，经过二十多年的海外跨越式发展，中国企业在对外能源合作中取得了卓越的成绩，能源合作涉及石油天然气、煤炭和电力等各个领域，合作地区覆盖了美洲、欧洲、非洲和亚洲等世界主要能源生产区域。

在能源对外合作过程中，我国企业国际化程度和经营水平不断提高，在积极保障我国能源安全供应的同时也为提高企业国际化水平、促进全球能源市场繁荣做出了重要贡献。

（一）油气合作现状

1993年，在改革开放和经济全球化的大背景下，在党和国家"充分利用国内外两种资源、两个市场"重大决策的指引下，以中国石油天然气集团有限公司（简称中石油）、中国石油化工集团有限公司（简称中石化）、中国海洋石油集团有限公司（简称中海油）等为代表的中国石油企业扬帆出海，实施国际化经营。经过20多年的快速发展，中国石油企业海外投资业务规模由小变大、由弱变强，已成为国际油气市场重要的参与者。

截至2015年底，以三大石油公司为主体，20多家中国企业参与海外200多个油气项目的油气投资，业务遍及全球50多个国家，基本形成了以上游业务为主导，覆盖上、中、下游及贸易等领域的油气全产业链合作格局，基本建成了六大油气合作区和四大油气战略通道。

1993年至今，在中国石油企业海外业务所形成的覆盖全产业链的投资格局中，上游领域分布最广，数量占总项目数的70%。管道项目主要包括中俄原油管道、中俄天然气东线、中亚天然气管道、中哈原油管道和中缅油气管道等项目，除此之外，还在非洲等地区为上游项目配套了部分管道项目。在下游领域，中石化凭借自身下游项目的优势，在俄罗斯、东南亚和欧洲等地区开展了下游合作；

中石油也通过并购获得了日本、新加坡和欧洲的炼油项目。

进入 21 世纪以来，我国海外油气权益产量连续多年保持快速增长。据不完全统计，2015 年海外油气权益产量达到 1.5 亿吨，较 2005 年增长了 4.5 倍，远远高于国内增速。海外油气权益产量主要来自国有石油公司，其中，中石油、中石化、中海油三大公司总产量占 90% 以上。2015 年，中石油海外油气权益产量 7 300 万吨，约占我国企业海外油气权益总产量的 50%；中石化海外油气权益产量 4 000 万吨，约占总产量的 27%；中海油海外油气权益产量达到 2 350 万吨，约占总产量的 16%；其他公司海外油气权益产量约 1 000 万吨。

根据中石油和中石化 2016 年年报数据，2015 年"一带一路"涉及的中亚—俄罗斯、中东和亚太地区，海外油气权益和海外累计投资分别占总量的 43% 和 38%。总的来看，"一带一路"沿线国家是我国石油海外重要油气合作区，正逐步成为我国海外油气产量和效益的主要来源地。

中国海关统计，2015 年我国原油表观消费量 5.43 亿吨，比上年增加 0.25 亿吨，消费规模首次超过美国位居世界第一，剔除新增石油储备和库存因素，实际石油消费增速为 4.4%，较上年增加 0.7 个百分点。石油净进口量 3.355 亿吨，增速为 8.8%，略低于 2014 年的 9.4%，2015 年对外依存度首次突破 60%，达到 60.6%。我国原油进口主要来源于中东、非洲和独联体国家，2015 年十大原油进口来源国依次为沙特阿拉伯（5 054 万吨）、俄罗斯（4 243 万吨）、安哥拉（3 871 万吨）、伊拉克（3 211 万吨）、阿曼（3 206 万吨）、伊朗（2 662 万吨）、委内瑞拉（1 601 万吨）、科威特（1 443 万吨）、巴西（1 392 万吨）、阿拉伯联合酋长国（以下简称阿联酋）（1 257 万吨）；"一带一路"国家与我国的油气贸易量占我国油气贸易总量的 60% 以上。

（二）煤炭合作现状

20 世纪 90 年代我国煤炭开始对外工程技术服务项目合作，目前我国煤炭对外合作以工程技术服务和对外投资合资开发为主，项目多以建设煤电厂、技术改造为主要合作内容。并且，我国目前在 9 个国家有 26 个煤炭合作项目，具体如下。

1. 孟加拉国：技术服务项目 1 项，煤电合作项目 1 项

1）中机公司、徐矿集团和中煤五建集团

20 世纪 90 年代，中国机械进出口（集团）有限公司（简称中机公司）、徐矿集团和中煤五建集团采用 EPC（engineering，procurement，construction，即设计采购施工）模式总承包建设巴拉普库利亚煤矿，并于 2005 年 9 月移交投产。同年，徐矿集团中标了该矿的生产、维护、技术服务，期限为 2005~2011 年和 2011~2017 年，两期共 12 年。按照合同，煤矿开采的煤归孟加拉国政府所有，徐矿集团获取

每吨 15 美元左右的收入。

2）中机公司、哈电集团

中机公司在巴拉普库利亚煤矿附近总承包建设了 2×12.5 万千瓦巴拉普库利亚燃煤坑口电站。该电站隶属于孟加拉国电力发展局，于 2002 年开工建设，第二台机组于 2006 年 6 月移交运行。2015 年，哈尔滨电气集团有限公司（简称哈电集团）和北京中缆通达电气成套有限公司承建了巴拉普库利亚电厂新增一台 27.5 万千瓦机组工程，预计 2018 年并网发电，整个电厂的发电能力将提升至 52.5 万千瓦。

2. 印度尼西亚：煤电项目 3 项，技术服务项目 4 项，投资项目 2 项

1）神华集团

神华国华（印尼）南苏发电有限公司于 2008 年成立，由中国神华与印度尼西亚 PT. Energi Musi Makmur 公司（简称 EMM 公司）以 70%：30%的股比出资组建。南苏 1 号项目一期采取煤矿坑口建设形式，煤电联营，两台 15 万千瓦汽轮发电机组，配套露天煤矿年产 210 万吨，两台机组于 2011 年建成投产。2015 年 11 月，中国神华中标南苏 1 号二期 2×35 万千瓦独立发电厂项目。二期扩建项目为 IPP（independent power producer，即独立发电商）项目，由中国神华、印度尼西亚国家电力公司子公司和印度尼西亚 EMM 公司共同组建合资公司开发该项目，三方分别占股 60%、20%和 20%。在一期项目北端预留场地上扩建两台 35 万千瓦超临界燃煤机组；燃用南苏地区低热值、高水分褐煤，年耗原煤量约 523 万吨。二期扩建项目计划 2019 年投产。2015 年 12 月，神华集团国华电力有限责任公司中标爪哇 7（2×100 万千瓦）独立发电项目。

2）中国华电集团

2008 年，印度尼西亚巴厘通用能源公司（General Energy Bail，GEB）与印度尼西亚国家电力公司启动巴厘岛 3×14.2 万千瓦一期燃煤电厂项目，2012 年进行投资和总承包建设。2015 年 8 月，巴厘岛燃煤电厂项目三台机组全部投产，华电控股运营 30 年，这是中国华电集团迄今最大的海外电厂投资项目。此外，自 2004 年起，华电工程公司在印度尼西亚先后完成印度拉玛 2×3 万千瓦燃煤电厂、拉法基 2×1.65 万千瓦燃煤电厂、阿萨汉 1 级 2×9 万千瓦水电站、巴淡 2×6.5 万千瓦燃煤电厂等多个电厂项目的投资或总承包建设。

3）中投——印度尼西亚布米资源公司

2009 年，中国投资公司投资 19 亿美元，购买布米资源公司发行的债券型工具。但是，由于煤炭市场低迷，布米资源公司无力偿债。2014 年 1 月，布米资源公司对所欠中国投资公司债务进行债转股，置换为旗下卡迪姆煤炭公司（Kaltim

Prima Coal，KPC）19%的股份（价值约 9.5 亿美元）和雅加达上市公司布米资源（Bumi Resource）矿业 42%的股份（价值约 2.574 亿美元）。

3. 澳大利亚：技术服务项目 2 项

1）神华集团

2008 年 8 月，神华集团参加澳大利亚新南威尔士州政府组织的探矿权全球公开竞标，并中标获得沃特马克煤矿项目探矿权。该项目位于新南威尔士州西北部冈尼达地区，距纽卡斯尔港 282 千米，探矿权区域面积为 195 平方千米，一期规划可露采地质储量 2.98 亿吨，这是神华集团在海外投资的第一个大型绿地项目。2015 年 7 月，澳大利亚联邦政府已正式批准了该项目的环评报告。

2）兖矿——兖矿澳洲公司

兖州煤业在澳大利亚的上市资产及剥离后资产，均通过兖矿澳洲公司管理或代理经营。目前，资产位于澳大利亚的昆士兰州、新南威尔士州和西澳大利亚州，包括 9 个煤矿或矿区，即澳思达煤矿、雅若碧煤矿、艾诗顿煤矿、莫拉本煤矿、格罗斯特矿区、唐纳森矿区、中山煤矿、坎贝唐斯煤矿和普力马煤矿；另外还有后期勘探阶段项目，如莫纳斯项目、亚森纳项目、哈瑞布朗特项目和维尔皮纳项目。

4. 乌兹别克斯坦：投资项目 2 项，煤电项目 2 项

1）中煤科工

2010 年 3 月，中国煤炭科工集团与乌兹别克斯坦煤炭公司（Uzbekugol）签署了安格连露天煤矿技术改造项目第一阶段的设备供货合同。这是中国企业在乌兹别克斯坦承揽的第一个大型煤矿技术改造项目。2011 年底，中国煤炭科工集团编制了《乌兹别克斯坦 2012 年~2030 年煤炭产业发展规划》。

2）哈电集团

2013 年 2 月，汽轮机公司与哈电国际正式签订了乌兹别克斯坦安格连 1×15 万千瓦燃煤电厂项目合同。

5. 蒙古：技术服务项目 1 项

塔温陶勒盖煤矿（Tavan Tolgoi，TT 矿）位于蒙古南部南戈壁省，距中蒙边境甘其毛都—嘎顺苏海图口岸约 270 千米。预计可采地质储量约 60 亿吨，其中，焦煤约 14 亿吨，动力煤约 46 亿吨。2011 年，神华集团曾在 TT 矿投标并中标，但蒙古总统额勒贝格道尔吉之后宣布该次投标结果作废。2014 年 12 月初，神华集团和日本住友商事株式会社、蒙古能源资源公司（Energy Resources LLC）组成的联合体参加了 TT 矿开发案投标。2015 年 8 月，神华集团应蒙古政府要求，作

为 TT 矿项目中标联合体成员与新任命的政府工作小组进行了新一轮会谈。

6. 乌克兰：技术服务项目 1 项，对外投资项目 1 项

1）国家开发银行

2012 年，乌克兰国有煤炭采掘企业利希强斯克计划在国家担保条件下，向中国国家开发银行引资 6.8 亿格里夫纳，实施煤矿现代化技术改造。由中方融资进行的梅利尼科娃煤矿改造项目，已于 2013 年 9 月完成验收。2012 年，乌克兰国家石油天然气公司与中国国家开发银行签署总额 36.56 亿美元的贷款协议，实施用乌克兰国产煤炭替代天然气的规划，规划项下计划实施一系列使用中国技术对乌克兰部分电站进行水煤浆改造及建设煤制气工厂的项目。2014 年 3 月，由于投标方不足两家，该公司撤销了煤制气工厂的设计招标。2014 年 8 月，乌克兰能源和煤炭工业部责成乌克兰国家石油天然气公司落实气改煤规划的协议，尽快与中方启动热电厂改造、建设使用乌煤炭生产可供化工工业及居民使用的煤制气工厂等领域合作。

2）山西太重

2014 年 5 月，乌克兰 Corum Group 与中国山西太重煤机煤矿装备成套有限公司（简称山西太重）达成协议，在中国境内建立合资企业生产采矿设备。乌克兰 Corum Group 拥有 125 年历史，是乌克兰首富阿赫梅托夫旗下系统资本管理集团下属企业，在乌克兰、俄罗斯、白俄罗斯、哈萨克斯坦、波兰、越南、印度成功运营多年，正在开拓中国及南非市场。此外，该公司还向罗马尼亚、格鲁吉亚、爱沙尼亚、黑山及其他国家供应设备。

7. 哈萨克斯坦：煤炭加工项目 1 项

2014 年 9 月，中国庆华能源集团有限公司（简称庆华集团）与哈萨克斯坦石油天然气加工和销售股份公司签署了煤加工合作备忘录。根据该备忘录，庆华集团将在哈萨克斯坦对煤炭进行深加工，获取合成燃料。

8. 俄罗斯：技术服务项目 1 项

2014 年 12 月，神华集团海外公司与俄罗斯 EN+集团下属东西伯利亚煤炭公司成立的股比为 50%：50%的合资公司——露天煤矿有限责任公司在俄罗斯西伯利亚外贝加尔边疆区扎舒兰矿区矿权拍卖中成功胜出，取得开发权。

9. 巴基斯坦：对外投资项目 2 项，煤电项目 2 项

2015 年 4 月，在习近平同志访问巴基斯坦期间，两国签署了 51 项合作协议和

谅解备忘录，达成总值 460 亿美元的能源、基础设施投资计划，包括：①中国国家开发银行和巴基斯坦信德省（Sindn）支持 Sindh Engro 煤炭矿业公司（SECMC）关于 BlockⅡ3.8 万吨/年的采矿项目的条款和条件；②中国工商银行与 SSRL（Sino Sindh Resources，即中信资源）关于一座塔尔煤田融资投资意向书协议；③新欧信德资源公司与上海电气集团关于一座塔尔煤田煤电一体化项目的合作协议；④中国进出口银行和卡西姆港电力公司（私人）有限公司关于两台 660 兆瓦卡西姆港燃煤电站的融资协议。

（三）电力合作现状

电力合作以工程技术服务为主，其项目多以建设电厂、电站为主要合作内容。

1. 独联体与蒙古

俄罗斯、蒙古和中亚等国家和地区与我国在地理位置上距离较近，该地区国际业务以电网互联互通为主，兼顾少量投资、工程承包和电力装备出口业务。国家电网公司正在跟踪"一带一路"沿线国家电力能源私有化项目，未来将择机进入相关国家市场。

1）电网投资运营

国家电网公司投资运营格鲁吉亚东部电力公司，股权比例为 93%。

2）电网互联互通

目前国家电网公司参与建成中国与俄罗斯、蒙古、吉尔吉斯斯坦之间 10 条跨国输电线路，南方电网公司参与建成了与越南、老挝、缅甸等国之间的电网互联互通。

中俄已建成三条由俄罗斯向中国送电的输电线路，包括 500 千伏阿黑线（俄阿穆尔州—黑河换流站）、220 千伏布爱线（俄方布拉戈维申斯克市—中方爱辉站）和 110 千伏布黑线（俄罗斯布拉戈维申斯克—黑河）。

中蒙已建成的四条边贸输电线路，主要是由中国向蒙古送电。中吉已建成的两条小型边贸输电线路，是由吉尔吉斯斯坦向中国新疆口岸送电，目前已经停运。

正在开展的前期研究项目包括：由俄罗斯远东叶尔科夫齐煤电基地通过特高压输电线路向中国华北送电的煤电输一体化项目，目前该项目已完成初可研，正在准备可研工作；由蒙古锡伯敖包煤电基地通过特高压输电线路向中国华北送电的煤电输一体化项目，目前该项目已完成初可研补充完善工作；中哈联网项目，目前已启动前期论证工作。

3）电力工程承包与电工装备出口

我国在独联体和蒙古区域的电力工程承包和电工装备出口业务仍处于起步阶段。目前国家电网公司参与的电力工程承包项目主要包括俄罗斯达吉斯坦 3 座 110

千伏变电站建设和蒙古乌兰巴托第四电厂锅炉补给水两个项目；国家电网公司参与的电工装备出口项目主要包括乌兹别克斯坦国家电网公司变压器项目。独联体与蒙古电力工程承包与电工装备出口情况，如表1-1所示。

表1-1 独联体与蒙古电力工程承包与电工装备出口情况

国家	项目名称	业务类型
俄罗斯	达吉斯坦3座110千伏变电站建设	工程承包
蒙古	乌兰巴托第四电厂锅炉补给水	工程承包
乌兹别克斯坦	乌兹别克斯坦国家电网公司变压器项目	装备出口

2. 东南亚

东南亚国家与我国地理位置和社会文化传统相近，老挝、柬埔寨、菲律宾、印度尼西亚等国是我国电力工程承包业务和电工装备出口的主要市场。

1）电网投资运营

2007年12月，国家电网公司联合菲律宾蒙特罗公司和菲律宾卡拉卡高电公司组成菲律宾国家电网公司（中方拥有40%的股权），中标菲律宾国家输电网25年特许经营权项目（2008~2032年）。菲律宾国家电网公司负责菲律宾全国高压输电网的规划、建设、调度、运行和维护，并为电力用户提供联网服务。该项目是迄今为止我国在菲律宾最大的投资项目，也是我国企业首次中标海外国家级电网的特许经营权项目。

2）电力工程承包与电工装备出口

国家电网公司在老挝、柬埔寨、菲律宾和印度尼西亚等东南亚国家开展了超过20项工程承包项目，在印度尼西亚、马来西亚跟踪推进电网投资项目、生物质发电项目。未来随着"一带一路"建设的推进，东南亚地区仍将是我国电力工程和装备出口业务的主要市场。东南亚地区电力工程承包与电工装备出口情况，如表1-2所示。

表1-2 东南亚地区电力工程承包与电工装备出口情况

国家	项目名称	业务类型
老挝	老挝琅勃拉邦省普坤县线路EPC项目	工程承包
	老挝电力调度中心一期项目	工程承包
	老挝电力调度中心二期项目	成套
	万象115千伏输变电项目	成套

续表

国家	项目名称	业务类型
老挝	老挝南欧江六级水电站	成套
	230千伏巴俄—帕乌东输变电项目	工程承包
柬埔寨	230千伏磅湛省—桔井省输电项目	工程承包
	230千伏西金边—西哈努克维尔输电项目	工程承包
	西哈努克港项目	成套
	达岱水电站扩建工程	成套
	西哈努克港3×135兆瓦燃煤机组电厂对端变电站	成套
	金边环网115千伏输变电工程	成套
菲律宾	苏卡特变电站升级改造项目	工程承包
	圣何塞变电站升级改造项目	工程承包
	宾加变电站升级改造项目（103）	工程承包
	吕米岛、米沙嫣，以及棉兰老区地调自动化项目	工程承包
	米沙嫣变电站升级改造项目（099）	工程承包
	菲律宾莱特30兆瓦光伏电站总包项目	工程承包
	菲律宾20.69兆瓦光伏电站总包项目	工程承包
印度尼西亚	高炉冶炼厂项目配套电厂	成套
	印度尼西亚苏门答腊岛500千伏输变电项目和苏拉威西岛275千伏输变电项目	投资+工程承包

3. 南亚

依托中巴经济走廊、孟中印缅经济走廊等国家间合作战略，南亚业务拓展已经取得了显著成效。

1）电网互联互通

目前在南亚地区，新疆至巴基斯坦直流工程正在开展前期可行性研究，该项目将开发伊犁煤电基地，向巴基斯坦负荷中心送电。

2）电力工程承包与电工装备出口

在中巴经济走廊能源合作框架下，在巴基斯坦以 BOOT（build-own-operate-transfer，即建设-拥有-运营-转让）方式建设直流输电工程，在尼泊尔、孟加拉国和印度等国家开展工程承包项目，在印度开展电工装备投资建厂的前期工作。南亚地区电力工程承包与电工装备出口情况，如表1-3所示。

表 1-3 南亚地区电力工程承包与电工装备出口情况

国家	项目名称	业务类型
巴基斯坦	巴基斯坦卡西姆港燃煤电站项目	投资+工程承包
	巴基斯坦白沙瓦 EPC 项目	工程承包
	巴基斯坦伊斯兰堡电业局（Islamabad Electric Supply Company，IESCO）项目	工程承包
	新拉合尔 500 千伏输变电工程	工程承包
	巴基斯坦默蒂亚里—费萨拉巴德 ±660 千伏直流输电项目	投资+工程承包
	巴基斯坦默蒂亚里—拉合尔 ±660 千伏直流输电项目	投资+工程承包
尼泊尔	马向迪项目	工程承包
	上马相迪 A 水电站	成套
孟加拉国	孟加拉国 12 套 11 千伏开关柜供货项目	工程承包
印度	印度斯如瓦兰 EPC 项目	工程承包
	印度吉申根杰 EPC 电站项目	工程承包
	印度坎普尔 EPC 项目	工程承包
	印度古德洛尔燃煤电站机组 EPC 项目	工程承包

4. 西亚、北非

西亚、北非地区业务以电力工程承包与电工装备出口为主，项目集中在伊朗、也门、埃及和土耳其等国。国家电网公司正在执行的项目共有 7 项，同时也在积极开展利用中埃产能合作机会，推进埃及国家电网升级改造等工程承包项目。西亚、北非地区电力工程承包与电工装备出口情况，如表 1-4 所示。

表 1-4 西亚、北非地区电力工程承包与电工装备出口情况

国家	项目名称	业务类型
伊朗	500 兆瓦燃气-蒸汽联合循环电厂 EPC 项目	工程承包
	德黑兰地铁四号线 B3 高压站工程	成套
	德黑兰地铁四号线工程	成套
也门	50 米公路变电站	成套
埃及	埃及 EET500 千伏输电线路项目	工程承包
	埃及国家电网升级改造输电线路项目	工程承包
土耳其	土耳其凡城 600 兆瓦直流背靠背换流站项目	工程承包

5. 中东欧

国家电网公司在中东欧地区的业务主要集中在波兰,包括 4 个工程承包项目,同时,正在跟踪相关国家电网等电力能源私有化的机会,将适时进入重点国家市场。中东欧地区电力工程承包与电工装备出口情况,如表 1-5 所示。

表 1-5　中东欧地区电力工程承包与电工装备出口情况

国家	项目名称	业务类型
波兰	400 千伏科杰尼采项目	工程承包
	400 千伏日多沃—凯尔兹科沃—斯武普斯克输电线路和变电站总包工程	工程承包
	波兰 220 千伏波莫扎内变电站和线路总包工程	工程承包
	奥尔斯丁和格但斯克 400 千伏输电线路铁塔项目	工程承包

二、能源合作问题分析

"一带一路"建设是"中国梦"的具体表现,虽然我国在"一带一路"能源合作中取得了一些成绩,但也应客观地看到,由于我国企业海外能源合作时间相对较短、经验相对较少,与"一带一路"国家能源合作仍面临着诸多问题。

1. 外部环境问题

国家配套政策尚需完善:国家层面"一带一路"能源合作缺乏统一政策考量,企业间协调发展不足,存在无序竞争;现行央企业绩考核和员工薪酬管理制度主要针对国内业务制定,缺乏境外投资项目国家和企业的风险共担机制,影响企业"走出去"的积极性。

海外项目合作方式简单:资本输出为主,能源贸易不足;项目合作为主,产业合作不足;上游项目为主,通道合作不足;单兵作战为主,协调配合不足;短期效益为重,长期战略缺乏。

资源保障存在不确定性:中亚、东南亚地区的油气项目大多处于开发的中后期,优质油气区块的获取难度较大,在俄罗斯上游领域尚未有规模性的发展,部分地区资源碎片化程度高,经济效益较差。

2. 企业内部问题

国际化经营能力不强:我国能源企业大型国际项目管理经验不足,商业模式和业务领域存在局限性,在 EPC+融资、BOT(build-operate-transfer,即建设-经营-转让）、BOOT 等商业模式的运用方面，不能完全满足"一带一路"沿线国家多样化的市场需求。

高端新兴领域竞争力弱：海洋工程、非常规能源、新能源等领域核心技术少，难以适应海外项目大型化、高端化的需要。

人才队伍建设仍需加强：国际化高素质综合性人才的培养和引进有待加强，适应国际业务发展的人才管理和激励机制有待完善。

标准"走出去"较滞后：国际市场和国外能源公司广泛认可的作业标准、作业规范、HSE（health、safety、environment，即健康、安全、环境）管理规范亟待强化。

三、能源合作前景分析

（一）"一带一路"能源发展特征

1. 煤炭发展现状

2015 年"一带一路"国家煤炭剩余探明储量 2 828.06 亿吨，约占全球的 24.9%，其中，一带国家占 21.6%、一路国家占 3.3%，主要分布在俄罗斯、印度、哈萨克斯坦和印度尼西亚。

2015 年，"一带一路"国家煤炭产量 788.9 百万吨当量，占全球的 20%；消费量 676.3 百万吨当量，占全球的 18%。"一带一路"范围内煤炭总体平衡，以自产自销为主，少量出口。煤炭进出口的主要方向为中亚、俄罗斯、印度尼西亚和澳大利亚出口到亚太方向。"一带一路"国家煤炭储量、产量、消费量数据，如表 1-6 所示。

表 1-6 "一带一路"国家煤炭储量、产量、消费量数据

"一带一路"分布	国家	探明储量/亿吨	产量/百万吨当量	消费量/百万吨当量
一带	哈萨克斯坦	336	45.8	32.6
一带	罗马尼亚	3	4.8	6.1
一带	乌兹别克斯坦	19	1.1	1.1
一带	俄罗斯	1 570	184.5	88.7
小计		1 928	236.2	128.5
一路	伊朗			1.2
一路	沙特阿拉伯			0.1
一路	阿联酋			1.6

续表

"一带一路"分布	国家	探明储量/亿吨	产量/百万吨当量	消费量/百万吨当量
一路	印度	606	283.9	407.2
一路	印度尼西亚	280.17	241.1	80.3
一路	马来西亚			17.6
一路	泰国	12.39	4.4	17.6
一路	越南	1.5	23.3	22.2
小计		900.06	552.7	547.8
合计		2 828.06	788.9	676.3

资料来源：BP（British Petroleum）世界能源统计

2. 石油发展现状

2015 年"一带一路"国家石油剩余探明储量 1 303.3 亿吨，占全球的 54.4%，其中，一带占 8%、一路占 46.4%，主要分布在中东 6 国、俄罗斯和哈萨克斯坦。

2015 年，"一带一路"国家原油产量 2 237.3 百万吨，占全球的 51%；消费量 8.91 亿吨，占全球的 21%。"一带一路"国家原油产量和消费量相对稳定，近年来出口量增幅不大。原油的进出口方向主要有中亚、俄罗斯出口到欧洲和亚太，中东出口到欧洲、亚太和非洲。"一带一路"国家石油储量、产量、消费量数据，如表 1-7 所示。

表 1-7　"一带一路"国家石油储量、产量、消费量数据

"一带一路"分布	国家	探明储量/亿吨	产量/百万吨	消费量/百万吨
一带	阿塞拜疆	10.0	41.7	4.5
一带	哈萨克斯坦	39.3	79.3	12.7
一带	罗马尼亚	1.0	4.0	9.1
一带	土库曼斯坦	0.8	12.7	6.4
一带	乌兹别克斯坦	0.8	3.0	2.8
一带	俄罗斯	140.2	540.7	143.0
小计		192.1	681.4	178.5
一路	伊朗	216.8	182.6	88.9
一路	伊拉克	193.1	197.0	
一路	科威特	139.8	149.1	23.6
一路	阿曼	7.0	46.6	

续表

"一带一路"分布	国家	探明储量/亿吨	产量/百万吨	消费量/百万吨
一路	卡塔尔	26.9	79.3	10.9
一路	沙特阿拉伯	366.2	568.5	168.1
一路	叙利亚	3.0	1.3	
一路	阿联酋	129.8	175.5	40.0
一路	也门	4.0	2.1	
一路	文莱	1.0	6.2	
一路	印度	8.0	41.2	195.5
一路	印度尼西亚	5.0	40.0	73.5
一路	马来西亚	4.7	31.9	36.2
一路	泰国		17.2	56.6
一路	越南	5.9	17.4	19.5
小计		1 111.2	1 555.9	712.8
合计		1 303.3	2 237.3	891.3

资料来源：BP 世界能源统计

3. 天然气发展现状

2015 年 "一带一路" 国家天然气剩余探明储量 139 万亿立方米，占全球的 74.4%；其中，"一带" 国家占 28.4%、"一路" 国家占 46%，主要分布在中东 6 国、俄罗斯、土库曼斯坦、印度尼西亚、马来西亚。

2015 年，"一带一路" 国家天然气产量 15 739 亿立方米，占全球的 44%；消费量 11 297.2 亿立方米，占全球的 33%。"一带一路" 国家天然气产量和增幅均大于消费量，出口潜力大。天然气进出口方向主要有中亚、俄罗斯出口到欧洲和亚太，中东出口到欧洲和亚太。"一带一路" 国家天然气储量、产量、消费量数据，如表 1-8 所示。

表 1-8 "一带一路" 国家天然气储量、产量、消费量数据

"一带一路"分布	国家	探明储量/千亿立方米	产量/亿立方米	消费量/亿立方米
一带	阿塞拜疆	11.0	181.7	98.0
一带	哈萨克斯坦	9.4	123.6	86.2
一带	罗马尼亚	1.1	103.1	103.0
一带	土库曼斯坦	174.8	724.0	343.2
一带	乌兹别克斯坦	10.9	577.5	502.8
一带	俄罗斯	322.7	5 733.0	3 914.8

续表

"一带一路"分布	国家	探明储量/千亿立方米	产量/亿立方米	消费量/亿立方米
小计		529.9	7 442.9	5 048
一路	伊朗	340.2	1 924.6	1 912.3
一路	伊拉克	36.9	10.3	
一路	科威特	17.8	149.7	193.9
一路	阿曼	6.9	348.8	
一路	卡塔尔	245.3	1 814.4	451.5
一路	沙特阿拉伯	83.3	1 064.3	1 064.3
一路	叙利亚	2.8	43.2	
一路	阿联酋	60.9	557.6	691.2
一路	也门	2.7	26.6	
一路	文莱	2.8	127.0	
一路	印度	14.9	292.0	505.9
一路	印度尼西亚	28.4	750.0	397.3
一路	马来西亚	11.7	682.0	397.6
一路	泰国	2.2	398.1	528.6
一路	越南	6.2	106.6	106.6
小计		863	8 295.6	6 249.2
合计		1 392.9	15 738.5	11 297.2

资料来源：BP世界能源统计

（二）"一带一路"能源合作战略

结合"一带一路"能源特征、我国与"一带一路"国家能源合作现状和中国工程院相关研究机构开展的油气、煤炭、电力"一带一路"合作战略研究成果，对我国与"一带一路"国家未来各能源合作战略研判如下。

1. 油气合作战略

1）总体战略

以"油气全产业链协同共赢战略"作为"一带一路"油气合作的总体战略。

在较为扎实的现有合作基础上，充分考虑"一带一路"相关国家的合作需求和我国的比较优势，通过"资源与市场共建、通道与产业共筑"，建设开放型油气合作网络，培育自由开放、竞争有序、平等协商、安全共保的伙伴关系，以资金、技术、标准、管理联合输出催生新的价值链，以利益共同体构建命运共同体，为实现两个百年目标奠定坚实的资源环境与经济基础。

2）基本原则

（1）坚持"互利共赢、层次递进、就近通道"的合作原则，推动在油气资源丰富的"一带一路"国家进行油气产区建设，着力建设长期可靠、安全稳定的油气生产合作基地，构建统一、协商的区域性油气资源体系。

（2）以"实现区域内消费国的利益共保"为原则，构建"一带一路"油气市场新秩序，提高"一带一路"消费中心在国际油气价格形成中的影响力和话语权。

（3）以提高"一带一路"资源国和消费国的油气进出口能力和多元化水平，共同维护资源国市场安全和消费国供应安全为原则，促进以我国为中心的"井"字形"一带一路"油气管网建设。

（4）以打造双赢的利益共同体为原则，以区域内各国诉求为导向，立足我国比较优势，瞄准沿线国家市场。

3）战略目标

"油气全产业链协同共赢"战略是"一带一路"沿线油气资源国、过境国和消费国上、中、下游大合作的战略目标；通过"一带一路"整个区域油气利益共同体和命运共同体的建设，最终实现相关方"协同共赢"。具体战略目标包括：

（1）推进"一带一路"油气合作区建设目标。通过拓展重点资源国油气开发合作，预计到2035年中国石油企业在区内完成石油、天然气产能建设2.2亿吨、1400亿立方米，海外油气生产能力进一步加强；区内新增石油、天然气权益产量1.7亿吨、1100亿立方米，油气权益产量比重进一步提升。同时，随着世界能源转型的推进，预计到2035年世界石油富余产能将超过5%，世界油气供应能力进一步增加，区域油气供应安全保障能力进一步提升，油价保持合理价位、平稳运行。

（2）构建油气市场新秩序。到2035年，区域油气市场透明度和可预见性进一步提升，油气消费共同市场初步形成，区域天然气一体化市场和现货市场初步建立，天然气市场灵活性和流通性进一步增强，市场不合理规则得以改变；战略储备体系及共享共用机制基本建立，资源国与消费国储备联动机制基本形成，消费区战略石油储备共建、共用、共享程度进一步提高；"一带一路"地区各油气交易中心规则逐步统一，一体化的"一带一路"油气交易中心逐步形成，基本实现区内多交易中心相互联动。2020年，亚太地区预计将形成20亿吨油当量市场规模，占世界油气贸易量的30%，围绕油气贸易的五通建设将成为推动全球化的源动力和重要抓手，重铸"一带一路"地缘政治格局。

（3）油气通道建设目标。到2035年，中国陆上原油进口管输能力由3500万吨增加到7300亿吨，占进口能力的比例由6%增长到11%，基本满足我国内陆地区炼厂需要；天然气进口管输能力由 602 亿立方米增加到 1 750 亿立方米，占进口能力的比例保持在 50%左右。陆上油气进口大都通过我国西部地区跨国油气通道完成。为提高区域油气贸易水平，2020 年预计油气输送工程将新增投资 1 000 亿美元。这将有助于增强资源国、过境国和需求国之间的利益纽带，重塑"一带一路"油气安全体系。

（4）炼化投资目标。通过独资、合资、兼并和收购等方式，择机在"一带一路"地区进行炼油化工项目投资。到 2025 年，在资源优势、市场潜力较大的"一带一路"沿线国家分别合资合作新建 1 座大型一体化炼化生产装置，合计新增权益炼油能力 1 500 万吨/年，合计新增乙烯权益能力 100 万吨/年，为下游延伸产业链奠定基础。

（5）油气及产品贸易目标。在确保我国油气资源经济、安全、稳定供应的基础上，依托境外仓储设施，为解决我国成品油结构性矛盾，加大柴油出口贸易，实现成品油贸易量的稳步增长。2014~2025 年我国新增原油需求的 60%、新增天然气［含 LNG（liquefied natural gas，即液化天然气）］贸易量的 45%、新增成品油进出口贸易的 50%来自"一带一路"沿线国家；扩大中东和东盟市场化工贸易份额，优化产品流向。进一步建设覆盖"一带一路"区域的石油石化仓储物流体系，2025 年新增 500 万立方米的权益仓储能力。

（6）工程技术和装备制造产业目标。加快我国技术能力输出，加快我国技术、装备、标准与区域各国的融合，确立我国在"一带一路"沿线国家和地区的勘探开发技术研发、工程技术服务、油气装备制造、行业规范标准等方面的主导地位，培育形成具有较强国际竞争力的中国企业群体，实现中高端技术服务和装备的比例达到 50%。

4）战略布局

为实现"油气全产业链"的协同共赢，应全面提升"一带一路"油气资源供给能力、油气市场影响能力、油气输送能力、油气产业发展能力四大合作能力。

（1）提升"一带一路"油气资源供给能力。

"一带一路"资源国油气资源丰富，增产潜力大。提升"一带一路"油气资源供给能力，要以深化现有项目合作为基础，进一步在拓展风险勘探、提升开发水平、促进争议海域油气开发合作。

第一，巩固深化现有上游项目。重点加强哈萨克斯坦卡沙干、阿克纠宾，俄罗斯亚马尔 LNG 等现有大型项目运营。运作好中东伊拉克艾哈代布、哈法亚和伊朗 MIS 项目、北阿扎德干等合作项目，加快投资回收。在此基础上，进一步扩大在伊朗、伊拉克的油气合作规模。稳步增加亚太地区油气权益产量，深化中国和澳大利亚、中国与印度尼西亚油气合作，稳妥推进煤层气和 LNG 业务，不断扩大在印度尼西亚的油气产量。

第二，拓展风险勘探领域合作。集成并发挥中国在隐蔽、超深等勘探理论方面的技术优势，通过企业间合作，在俄罗斯东西伯利亚、远东、西西伯利亚、北极大陆架，中亚的哈萨克斯坦、土库曼斯坦和乌兹别克斯坦，中东的两伊、卡塔尔、阿曼，南亚的阿富汗、巴基斯坦、孟加拉国，东南亚诸国，以及中国南海、东海等区域，进行大范围风险勘探，推动建立风险勘探合作区。

第三，加强提升开发能力合作。在现有合作的基础上，寻找上游合作机会，扩大俄罗斯东部库尤姆宾等未开发油气田合作规模；充分发挥中国在老油田提高采收率方面的技术优势，推动在油气资源丰富且已进入油气开发中后期的俄罗斯西部、哈萨克斯坦、海湾国家和两伊等国家和地区油气开发产量水平和规模效益的提高；利用中国在低渗透、致密油、页岩气等低品位油气田开发方面的经验，重点推动在低品位油气资源较为集中的俄罗斯西西伯利亚盆地、哈萨克斯坦内陆、伊朗等国家建立低品位油气田开发合作示范区；加快南海等争议海域勘探开发。

（2）提升"一带一路"油气市场影响力。

加快推动区域开放市场建设，建立战略储备体系及共享共用机制，发展多地联动的亚洲油气交易市场，保障区域油气市场共同安全。

第一，建设油气交易中心。联合东北亚、东南亚等国家，在上海、新加坡、迪拜等地建立定位不同的区域油气交易中心，支持俄罗斯、印度等国家建立本国和区域性的油气交易中心，推动形成多地联动的"一带一路"油气交易市场，建立区内油气标杆价格；利用中国市场和金融优势，大力发展上海油气交易市场，使之逐步覆盖东亚、南亚、东南亚、中亚和中东地区，最终将上海建设成为亚太地区原油期货交易中心和天然气现货贸易中心，形成多地联动的全球性油气交易市场。

第二，搭建电商平台。充分发挥中国电子商务优势，用网络连接"一带一路"沿线国家、企业、物流仓库，满足沿线国家对成品油和三大合成材料的需求，推动中国成品油和化工优势产能与周边国家合作分享；构建区内各国政府间的能源信息资源共享平台，建立能源信息披露制度，各国定期发布与能源相关的政策、税收、价格、供需等方面的数据和信息；为"一带一路"国家油气企业在网络融资、数据技术、跨境交易及物流系统方面提供便利。

第三，分享油气储备。完善油气储备制度，建立国家储备与企业储备相结合、战略储备与生产运行储备并举的油气储备体系，建立健全国家油气应急保障体系，提高油气安全保障能力，扩大石油和天然气储备规模。

第四，建设物流中心。建设上海、青岛、洋浦经济开发区等自由贸易园（港）区，开展政策创新，实现投资贸易便利化、货币兑换自由化、监管高效便捷化、法制环境规范化；建立石油储备的保税区，实现有进有出、市场化运作。充分发挥保税区在进出口加工、国际贸易、保税仓储等方面的功能定位和政策优势，探索建立进口石油储备的保税区制度，建立石油储备能进能出的便利渠道，按照储备条件、设施便利程度、运输条件等实施市场化定价，按照市场化机制运行。

（3）提升"一带一路"油气输送能力。

统筹区域油气资源生产和需求市场，深化油气通道双边多边合作，推动建设"一带一路"油气通道体系，提升区内油气互联互通能力水平。

第一，强化四大通道。增强中国陆上油气输送能力，要努力扩大西北通道，积极强化东北通道，稳妥发展西南通道。运行好中亚天然气管道、中哈原油管道、中缅天然气管道、中俄原油管道和中俄原油管道复线等现有管道。规划好中缅原油管道、中亚天然气管道 D 线和中俄天然气管道东线等油气通道建设，扩大原油和天然气陆上进口规模和比例；加快推进规划好沿海进口原油港口和 LNG 接收站，建设扩大原油和天然气陆上进口规模和比例。

第二，谋划好战略管道。根据中国炼厂需求，统筹研究中、蒙、俄原油管道和中巴原油管道，提升中国原油进口多元化水平；积极推动东北亚消费国天然气管道互联互通的实现。

第三，参与境外通道。实施管道"走出去"战略，以中国居世界领先地位的管材制造、管道建设和管网运营技术，参与丝绸之路经济带国家油气通道建设。

第四，重视关键港口。高度重视海上丝绸之路关键港口的油气设施建设，包括巴基斯坦的瓜达尔港、缅甸的皎漂港、吉布提的吉布提港等。

（4）提升"一带一路"油气产业发展能力。

以区域油气生产与需求为导向，以产业园区或研发中心（基地）建设为依托，培育和发展勘探开发技术研发、炼油化工、装备制造、工程服务、智力支持平台等各类特色产业集群，提高区域油气产业综合竞争力。

第一，建设炼化园区。发挥中国的比较优势，充分利用好投资所在国的资源优势或市场潜力，在资源优势明显的国家建设出口型炼化项目，在市场潜力明显的国家建设内需型炼化项目，推进与中东、南亚、东南亚地区的化工产业合作，推进与中亚、中东地区的天然气加工利用合作，积极推动与沿线重点国家的技术装备合作。

第二，加强工程服务。充分发挥中国钻井总承包和地震技术的优势，推行油气田开发工程总承包项目，加大工程技术服务"走出去"的力度，为难动用资源提供一体化解决方案，支持资源国油气低成本高效开发。

第三，共建装备基地。分别在中亚、俄罗斯、中东设立针对中亚—中东海相气田开发、高寒地区油气田开发、高含水老油田的装备制造基地，高度关注伊朗解禁后巨大的油田设备改造和更新需求，针对性建设装备制造基地。

第四，共建研发基地。针对不同地区勘探开发特点和特有技术需求，在"一带一路"沿线建设多个"一带一路"专业性技术研发中心，加大研发投入、引进先进技术、合作创新研发，提升中国在相关领域的设计、建设、承包服务能力，推动在相关国家和领域的合作规模和合作层次。

2. 煤炭合作战略

1）总体战略

以"一带一路"倡议为契机，坚持优化布局、集约开发、绿色开采、安全生产、清洁利用的战略方针，发展大型煤炭企业集团，建设大型煤炭基地。以"两种资源、两个市场"为主线，以国际自由贸易规则为基础，以资源开发和资本运营为核心，鼓励国内煤炭企业及相关市场主体围绕煤炭产业链的各个环节，从勘探设计、基本建设、生产开发、转化利用、市场开拓、物流运输、装备制造、基础设施等领域，积极参与"一带一路"沿线国家煤炭产业合作，实现"一带一路"区域国内国外煤炭产业的协同开发，为"一带一路"倡议的实施提供能源与化工原料保障，提升中国在国际煤炭产业体系中的话语权和影响力。

2）基本原则

（1）坚持"优势互补，互惠互利"，实现与煤炭资源国的互利共赢；

（2）根据各国煤炭资源和产业发展特点，因地制宜，实施不同的战略布局；

（3）发挥中国煤炭企业技术和资金的优势，积极实施"走出去"战略，做好资源国煤炭产业梯度和产业转移，实现产业升级；

（4）坚持国内国外煤炭产业上下游的协同开发，充分发挥煤炭产业链国际化发展的耦合效应；

（5）坚持多元发展，实现煤炭资源开发的区域多元化、主体多元化和业务多元化。

3）战略目标

通过"一带一路"区域国内国外煤炭产业上下游的协同开发，充分发挥煤炭产业链国际化发展的耦合效应，在"一带一路"沿线国家建设若干国外煤炭生产、转化、利用和销售基地，初步构建煤炭产业区域化的资本运营平台，开拓周边国家的新型煤炭市场，形成煤炭勘探、开发、转化、利用、物流、贸易、金融一体化的产业网络；增强我国海外稀缺煤炭资源的优化配置能力，增加我国在海外煤炭市场中的份额，提升国际煤炭产业资本的运营能力；培育若干具有国际竞争力的跨国煤炭企业集团，培养一批熟悉国际化经营的产业人才，提高中国煤炭产业的国际竞争力，推动区域内煤炭产业的转型和升级。

2015 年我国原煤产量和消费量分别为 37.5 亿吨和 39.65 亿吨，进口量达 2.04 亿吨，是世界第一大煤炭生产、消费国和第二大煤炭进口国。原始巨大的市场体量是我国对"一带一路"沿线国家煤炭行业进行投资和开发的重要基础。虽然经济增速放缓，但是持续中高速增长将保证对海外煤炭资源特别是重点关注的稀缺煤种资源的长期稳定需求。国内市场可以作为海外煤炭开发的重要战略缓冲，可以预测我国未来煤炭将保持每年 2 亿吨左右的进口规模，这为我国煤炭企业海外布局和海外煤炭贸易市场提供了良好机遇。

4）战略布局

根据"一带一路"区域煤炭的储量、产量、消费量和进口量，以及加拿大佛雷泽研究所和世界经济论坛等相关国际组织和研究机构的研究成果，综合考虑研究目标国的煤炭资源禀赋情况和政治、经济、法律、环保、人文地理、基础设施、金融投融资环境等投资影响因素，本书提出以下四个战略布局。

（1）资源开发布局。

第一，通过购买煤炭资源、煤炭勘探权或开采权等方式加强澳大利亚等成熟国家煤炭开发力度，以国际煤炭巨头在经营困局中进行资产重新配置为契机，积极获取之前煤炭价格高企时难以获得的稀缺煤种资源。第二，重点关注澳大利亚、印度尼西亚、越南、巴基斯坦、孟加拉国等国家。这些国家煤炭资源勘探开发程度低、煤炭开发需求大、煤炭产业装备与技术水平较低、相关基础设施比较落后、本国资金短缺且易于接受外来投资，可以以煤电等下游产业为切入，在当地发展煤-电-建材、煤-焦炭-钢铁、煤-合成氨（甲醇）等煤炭加工利用产业，以下游产业带动上游煤炭产业的开发，通过风险勘探、投资建矿、技改扩能等方式控制并开发这些国家的煤炭资源。

（2）贸易与物流布局。

由于目前国内供给基本饱和，海外获得的资源宜通过全球化布局，参与全球煤炭市场贸易的分工体系，逐步扩大世界煤炭市场份额，力争在亚太煤炭市场中逐步建立主导权，并在亚太煤炭价格体系中不断增强话语权。第一，瞄准我国东南沿海的煤炭进口市场。对于这部分市场，我们有天然的开发优势，印度尼西亚、澳大利亚开发的部分优质煤炭资源可以首选瞄准这一目标市场。第二，大部分海外开发的煤炭资源需要通过煤炭贸易，进而逐步拓展新兴的国际煤炭市场。从世界煤炭贸易格局来看，需要重点关注以印度、巴基斯坦、孟加拉国为代表的潜在煤炭需求增长国，将其作为未来国际煤炭贸易的主要目标市场。第三，兼顾日本、韩国等煤炭传统进口国。这些国家曾经是中国煤炭产业的主要出口目标市场，有一定的开发基础，可以逐步恢复这部分市场。

另外，通过积极参与国际煤炭运输，布局煤炭贸易市场，借鉴国际煤炭贸易巨头，如嘉能可的先进经验，参与国际煤炭贸易体系的分工与竞争。国际煤炭运输的方式主要有海运、铁路运输两种方式。从全球煤炭跨国运输来看，海运约占 90%，铁路运输约占 10%。中国煤炭贸易有三条主要路线，分别是南非，印度洋—马六甲海峡—南海—中国；澳大利亚和印度尼西亚，龙目海峡—南海—中国；美国、加拿大、哥伦比亚，太平洋—中国。在国际铁路方面，目前中国与接壤的蒙古、越南都有跨国铁路，这可以为国际煤炭贸易提供运输通道。随着欧亚、东亚跨国铁路建设的进一步开发，中国有望与更多国家实行跨国铁路联运。围绕这些海运和铁路通道，通过参与煤炭贸易物流，逐步主导构建亚太煤炭贸易走廊。

（3）工程服务与装备技术布局。

在"一带一路"框架下，结合中国煤炭装备制造优势和煤电技术优势，输出成熟、先进的工程服务、采掘装备机械和煤电技术，有助于带动中国煤炭上下游产业向外向型经济转型，实现从产品的输出到人力、装备和技术的输出的转变，提升中国煤炭装备在全球市场上的占有率。这一方面，应瞄准乌兹别克斯坦、哈萨克斯坦、越南、印度尼西亚、印度等煤炭开发需求大、煤炭产业正在转型升级、煤电等下游产业快速发展的国家。第一，通过 EPC、IPP 等模式，输出人力和技术，为目标国的煤炭、煤电产业发展提供工程服务。第二，基于 EPC 等工程服务形成的产业管控优势，推动中国煤炭产业装备设施的输出。第三，按照高标准、高起点的要求，发挥煤炭相关产业核心关键技术的优势，推动超低燃煤发电等先进技术的输出。

（4）资本运营布局。

资本运营布局是实现世界煤炭资源优化配置的高级形式，主要适用于市场化程度较高的国家，能较快进入目标市场，获得煤炭资源、生产能力、技术及管理经验、煤炭销售渠道等。资本布局不以获取海外煤炭资源为直接目的，通过股权融合及业务合作等各种形式，在追求投资收益最大化的同时，通过控股间接影响公司的生产和经营决策，从而达到间接获取海外煤炭资源的目的。例如，日本和韩国等主要电厂和钢铁用户，利用资本运营积极入股主要煤炭企业及煤炭生产基地，确保了自身经营的持续增长和竞争优势。境外收购、兼并和相互参股，使得世界煤炭行业的并购浪潮迭起。国际煤炭跨国公司通过大规模的收购和兼并，实现了跳跃式扩张，这大大增强了其对世界煤炭资源生产的控制能力，在煤炭市场竞争中占据主动地位。随着中国煤炭企业大规模海外投资时代的来临，应选择煤炭资源丰富、政治经济形势稳定、政策法律环境良好、有稳定下游市场的国家开展契约式合营或股份制合营，或形成战略联盟。也可采用资产转让、兼并、重组、大额贷款等形式，逐步介入银行、保险、信托业务、证券、基金、期货等金融市场，通过投融资和股权买卖进行资本运营。有条件的大型煤炭企业集团，可以通过吸收投资、发行股票和债券等措施进行国际融资。

在"一带一路"区域的国家中，澳大利亚是最具资本布局优势的国家。澳大利亚政局稳定、法律健全、资源丰富且赋存条件较好，大多数世界煤炭巨头在澳大利亚都拥有煤炭资源，该国煤炭资源的购并相对比较活跃，容易在探矿权、采矿权二级市场或企业并购中获得煤炭资源。基于中国在澳大利亚形成的资本布局能力，以印度、蒙古、印度尼西亚、越南和俄罗斯等国家为投资目标国，在经过充分调查和风险评估的基础上，考虑"印度因素"和"东南亚因素"影响，特别是亚太煤炭贸易圈，结合未来煤炭供需发展形势变化，提前预判与统筹思考布局，进行投融资和股权交易等资本运作，通过参与当地煤炭企业经营间接获取资源和市场。

"一带一路"海外区域国家煤炭开发战略布局设想，如表1-9所示。

表1-9　　"一带一路"海外区域国家煤炭开发战略布局设想

布局模式	主要目标国家
资源开发布局	澳大利亚、印度尼西亚、越南、巴基斯坦、孟加拉国
贸易与物流布局	印度、巴基斯坦、孟加拉国、蒙古、越南、澳大利亚、印度尼西亚
工程技术与装备制造布局	乌兹别克斯坦、哈萨克斯坦、越南、印度尼西亚、印度
资本运营布局	澳大利亚、印度、蒙古、印度尼西亚、越南、俄罗斯

3. 电力合作战略

1）总体战略

以"一带一路"倡议为统领，统筹国际国内"两个大局、两种资源"，贯彻落实国际能源合作战略方针，坚持全球能源观，以重大项目、重点市场、核心技术为依托，巩固并扩大与周边国家电网互联互通，寻求电网投资运营与电力工程承包项目机遇，推动我国电力行业优势产能、技术标准、品牌全方位"走出去"，提升产业链竞争力，推动产业转型升级，提升我国在电力行业的国际影响力和话语权。

2）基本原则

（1）规划先行，立足长远。

坚持规划引领，着眼于全球能源格局深刻变化和我国电力行业中长期发展的需求，循序渐进、由近及远、由易到难，巩固并扩大与周边国家电网互联互通；着眼于新一轮产业革命，实施知识产权战略和品牌国际化战略，推动业务转型升级，积极抢占未来电力科技产业制高点；积极参与国际能源治理，在 APEC（Asia-Pacific Economic Cooperation，即亚太经济合作组织）和新的能源合作框架下积极提升国际影响力。

（2）多元合作，因地制宜。

与产业投资基金、跨国公司、国际金融机构开展多元合作，通过双边、多边等方式，共同开发"一带一路"沿线国家能源电力市场，针对电网投资运营、电源开发、电工装备出口、电力工程承包等不同业务在不同市场因地制宜、分类施策，创新 EPC、BOT 等业务拓展方式，平衡和关照各方利益诉求。

（3）优势互补，互惠互利。

与周边国家共同开发其丰富的煤电和水电资源，实现周边国家能源资源禀赋与我国电力需求的互补；在"一带一路"沿线国家开展电工装备制造国际合作，实现沿线国家与我国电力工程承包和电工装备优势产能互补；促进我国和"一带一路"沿线国家经济共同发展、互惠互利。

（4）统筹优化，风险可控。

以综合价值最大化为导向，加强"有形之手"的统筹协调，减少同行业的无序竞争，提升跨业务协作效率，打造全产业链综合优势，提升综合竞争力，为国民经济发展持续创造经济价值、社会价值和生态价值；高度重视和积极防范"一带一路"沿线国家各类风险，合理控制境外业务风险水平，保障境外人员和资产的安全。

3）战略目标

依托我国电力企业在特高压、智能电网、新能源等方面的核心技术优势，以及在大电网运行管理、资金信用和电工装备产能方面的优势，以电网投资运营、电源开发、电工装备制造、电力工程承包等业务为重点，推进与"一带一路"沿线国家在电力投资、服务贸易和技术标准等领域合作，开发利用周边国家能源、资源向我国送电，推动我国电网企业跻身世界一流企业行列，打造一批世界级电工装备制造企业，建成电网互联互通、装备经贸流通、技术标准相通的"电力丝绸之路"，实现亚洲与欧洲清洁能源的大规模开发与消纳，使"一带一路"沿线成为全球能源互联网的重要枢纽。

近期发展目标（2020 年之前）："一带一路"沿线国家海外资产规模达 1 120 亿元，电力工程承包、电工装备出口业务累计海外营业收入 970 亿元，扩大与周边国家电网互联互通工程建设，初步建成"电力丝绸之路"。

中期发展展望（2021~2035 年）：在"一带一路"沿线重点国家投资运营国家级骨干电网线路，建成一批电工装备研发生产基地和售后服务体系；在"一带一路"沿线国家的电力技术标准和资质认证工作方面取得积极进展；进一步扩大与周边国家电网互联互通工程建设，基本建成"电力丝绸之路"。

远期发展展望（2036~2050 年）：在"一带一路"沿线重点国家投资运营国家级骨干电网线路，电工装备与电力工程承包业务占据一定市场份额，进一步提升品牌体系国际影响力；"一带一路"国家电网互联互通规模进一步扩大，全面建成"电力丝绸之路"。

4）战略布局

（1）独联体及蒙古战略布局。

以俄罗斯、哈萨克斯坦和蒙古为重点市场，以点带面，带动整个独联体及蒙古地区的"一带一路"电力领域国际合作发展。加快推进与周边国家电网互联互通，以 EPC、设备输出等方式为重点，在风险可控前提下积极捕捉绿地项目投资机遇。探索 BOT、PPP（public-private-partnership，即政府与社会资本合作）、"投资+EPC"等业务拓展方式，通过带资金进入、联合本地公司等多种方式，突破资质认证、标准认证等市场门槛，在保证投资收益的前提下，推动工程承包和设备输出具体项目的实施。发挥中国电力装备制造企业协同优势及境外投资业务对装备出口的带动作用，提高电工装备市场占有率，推动中国特高压、智能电网、新能源等核心技术和电工装备"走出去"。

在电网互联互通方面，重点在俄罗斯远东地区、蒙古中东部地区等能源资源富集地区，建设大型电源基地，向中国东中部负荷中心地区送电。在电网投资方面，依托中俄双方成立的合资公司，实施俄罗斯电网新建和改造项目；在工程承包和装备出口方面，跟踪乌兹别克斯坦大型 EPC 总包项目，落实产品及资质相关认证，大力开发俄罗斯和吉尔吉斯斯坦、塔吉克斯坦、哈萨克斯坦等中亚国家市场，跟踪关注蒙古电网升级改造项目和新能源开发项目，积极介入光伏、风力发电领域。

2035 年之前，开发俄罗斯西西伯利亚的库兹巴斯煤田和东西伯利亚的伊尔库茨克煤田，送电中国；开发蒙古中东部地区布斯敖包煤炭基地，送电中国；汇集蒙古柴达木淖尔煤电基地和南部戈壁地区风力发电和太阳能发电的电力，借助直流输电工程扩大可再生能源消纳范围；开发哈萨克斯坦埃基巴斯图兹（迈库边）煤电基地，通过 ±1 100 千伏直流输送至华中负荷中心。

到 2050 年，积极促成中亚电力输送枢纽，其富余电力可西送至西欧、东送至东亚、北送至俄罗斯，实现北极海地区的喀拉海风电基地大规模开发，与中亚地区风电资源南北呼应，欧亚电网通过欧亚大陆输电通道呈三角形连接，实现清洁能源在更大范围进行联网消纳，获得欧亚时差/峰谷差效益，全球能源互联网欧亚大陆跨洲电网基本建成。

（2）东南亚战略布局。

稳健运营菲律宾国家输电网，确保投资经营收益；利用亚投行和国内金融优惠政策，以带资 EPC 方式承揽东南亚大型输配电工程项目；深入拓展缅甸、老挝等国电力工程承包市场；建立与东南亚各国的产能合作机制，进一步巩固和扩大电力装备市场份额；加强与越南、泰国等邻国的国际能源合作力度。

到 2020 年，加快推进老挝色贡煤电一体化项目、老挝到新加坡超高压输电项目、色贡梯级水电站项目、色贡风电厂项目、南俄梯级水电站项目、泰国 EGAT

（Electricity Generating Authority of Thailand，即泰国电力局）一次设备采购招标项目，以及 115 千伏、230 千伏 GIS（gas insulated substation，即气体绝缘全封闭组合电器，"六氧化硫封闭式组合电器"）变电站总承包项目和缅甸发电厂项目，积极开发印度尼西亚国家骨干电网投资建设和运营项目。

到 2035 年，电力工程承包业务和装备出口业务市场份额占东南亚市场的主导地位，建成高效、互利共赢的电工装备产能合作机制，使东南亚成为 "21 世纪海上丝绸之路"电网领域的重要支点。

到 2050 年，巩固和扩大东南亚与我国电力互联互通，推动东南亚成为全球能源互联网框架下连接我国与赤道的重要电力枢纽。

（3）南亚战略布局。

在区域布局上，以中巴经济走廊、孟中印缅经济走廊等为重点，同时兼顾南亚各国发展潜力，带动整个南亚地区 "一带一路"电力领域国际合作发展。在业务布局上，以工程承包、电工装备供货、技术管理咨询为重点，同时关注电力企业股权出售和绿地投资机遇，协同推进南亚市场开发。在业务拓展方式上，探索BOT、PPP、"投资+EPC"等业务拓展方式，通过本地投资设厂、与本土企业合作、招募当地代理、以投融资带动设备出口等多种渠道拓展市场业务，在南亚地区实现特高压和智能电网技术和装备的输出。

2020 年之前，开发新疆伊犁煤电基地，向巴基斯坦伊斯兰堡负荷中心送电。充分发挥我国在工程设计、设备研发、装备制造、施工管理、技术咨询、运行维护等方面的综合优势，在印度设立电工装备生产基地，健全营销服务体系和售后服务网络，拓展产品销售渠道，满足海外市场资质要求，带动装备产品、设计咨询、施工服务出口，推动 EPC 总包业务，海外工程建设和市场开拓取得显著成果。

到 2035 年，巩固已有项目的稳定运营和经营效益，推动南亚与中亚和东南亚国家电网互联互通，在技术管理咨询、工程承包、装备出口等业务领域将广泛渗透南亚市场，形成具有显著影响力的高端装备品牌。

到 2050 年，投资运营南亚地区国家级骨干电网线路，南亚电网将成为全球能源互联网的关键环节，电工装备与电力工程承包业务占据一定市场份额。

（4）西亚、北非战略布局。

稳步开展土耳其电站项目和煤电一体化项目，跟踪土耳其跨国和境外输电网建设、区域主干网升级改造等项目；充分利用丝路基金、亚投行和国内金融优惠政策，以带资 EPC 方式寻求电力工程承包项目和电工装备出口机遇。稳步开展埃及国家电网升级改造项目。积极跟踪非洲南北电力传输走廊、北非电力传输、埃及—沙特阿拉伯等区域联网及跨国联网建设项目，寻求开展电力工程承包和电工装备出口业务契机。

在西亚市场重点国家实现新能源项目的重大突破，巩固传统 EPC 项目，带动电工产品及技术输出；在北非市场推动产品本地化，参与尼罗河流域重大水电送出项目开发。

到 2035 年，力争在西亚市场初步建成以电力工程总承包项目为核心，电工装备出口和技术咨询为辅助的市场布局，引领区域行业技术发展；在北非市场，巩固开关等电力产品的市场主导地位，建立以埃及为中心、辐射周边区域的设备制造基地。

到 2050 年，在西亚和北非市场参与建设一批具有国际影响力的大型电力工程，我国电工装备产品占据主要市场份额，建成"电力丝绸之路"的重要枢纽。

（5）中东欧战略布局。

与存在电力私有化意向的国家积极开展调研和沟通，寻求潜在投资并购机遇；稳健运营格鲁吉亚东部电力公司；以柔性直流输电、新能源投资为切入点，进入中东欧电力工程承包市场，积极扩大电工装备优质产能的输出质量和规模，在中东欧地区电工装备市场份额稳步提升。

稳健运营格鲁吉亚东部电力公司，密切跟踪中东欧国家电力市场私有化带来的电网投资运营机遇；以波兰市场为中心，借助波兰 EPC 项目经验与业绩，辐射周边的捷克、匈牙利、罗马尼亚、拉脱维亚、立陶宛等国家；以 EPC 项目为基础，带动电工装备出口至中东欧国家。

到 2035 年，在电网投资运营和电网绿地投资建设项目中取得积极进展，扩大电力工程承包业务在中东欧市场的份额；我国电工装备核心产品获得欧盟资质认证。

到 2050 年，积极推动中东欧国家与西欧和北欧国家互联互通，电力工程承包和电工装备出口业务在中东欧市场占据较大份额。

第二章 中国能源供需现状及发展趋势

一、中国能源生产与消费分布的时空演变

（一）中国能源产消总体格局

中国能源产消的总体格局是资源与消费大致呈逆向分布。中国能源资源禀赋的空间分布不均衡，这导致能源生产空间不均衡，不同能源品种呈现不同的分布格局。中国煤炭资源丰富，但受地质构造因素影响，煤炭资源主要分布在北方"三西"（山西、陕西、内蒙古西部）地区。煤炭资源地质开采条件较差，大部分需要井工开采，极少可以露天开采。油气资源主要集中在大型含油气盆地，84%的石油资源分布在松辽、渤海湾、鄂尔多斯、塔里木、准噶尔、珠江口、柴达木、北部湾等 8 个大型盆地，天然气探明储量集中在渤海湾、四川、松辽、准噶尔、莺歌海—琼东南、柴达木、吐鲁番—哈密、塔里木、渤海、鄂尔多斯等 10 个大型盆地。石油天然气资源地质条件复杂、埋藏深，勘探开发技术要求较高。中国水力资源非常丰富，总量位居世界首位，已开发总量大，但开发程度低，主要位于川、渝、滇和两湖（即湖北、湖南）地区，未开发水力资源多集中在西南部高山深谷地带。

中国能源消费主要集中在东部沿海经济发达地区，与资源赋存地呈逆向分布。北煤南运、北油南运、西气东输、西电东送，是中国能源流向的显著特征和能源运输的基本格局。

1. 能源生产总体格局由过去"以东部为主"向"以西部为主"转变

随着国民经济快速发展和城镇化建设快速推进，能源需求逐渐增大，这促进了能源生产规模的扩大，同时，受东西部经济发展、能源消费水平不同，以及开采技术进步等因素影响，能源生产格局不断发生变化。1995 年，我国能源生产主要分布在东北地区的黑龙江和辽宁，华北地区的山西、河北，华东地区的山东，西北地区的内蒙古，华中地区的河南和西南地区的四川，其中，东部地区占比74.6%，西部地区占比 25.4%；1996~2005 年，随着陕西、新疆等西部省区能源开

采规模的扩大,能源生产重心逐步向西拓展;2006~2015 年,山西省煤炭开采规模扩大,陕西、新疆等省区石油、天然气产量增加迅速,我国能源生产重心加速西移;2015 年,西部地区能源生产超过东部(东部 47.0%,西部 53.0%),分省能源生产情况看内蒙古、山西、陕西、新疆、山东、贵州等 6 省区能源产量占全国能源生产总量的 65.4%。总体来看,中西部、西南地区能源产量大,长三角、东南沿海地区能源产量小。

从地理位置角度,我国能源生产重心移动轨迹位于东经 110.5°~114.0°,北纬 36.4°~37.4°,重心位于山西省境内。1995~2005 年,能源生产重心向西偏移 1.4°,南北方向变化较小;2005~2015 年,中西部、西北、西南地区能源生产增量大于其他地区,能源生产重心向西偏移 1.6°,南北方向上向北偏移 0.3°。整体来看,1995~2015 年,我国能源生产重心向西偏移 3.0°,由山西省阳泉市境内移至吕梁市境内,西移近 260 千米。1995~2015 年我国能源生产重心移动轨迹,如图 2-1 所示。

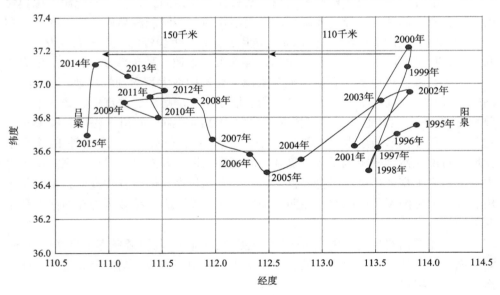

图 2-1　1995~2015 年我国能源生产重心移动轨迹

2. 能源消费总体格局以东部为主,东西部消费比例基本在 7∶3 左右

由于我国东西部地区经济发展水平和人口数量相差较大,东西部地区对能源消费需求存在巨大差异。1995 年,我国能源消费东部占比 76.2%,西部占比 23.8%;1995~2005 年,能源消费总量超过亿吨标准煤的省市不断增加,但东西方向能源消费格局变化不大;2005~2015 年,各省区市能源消费规模快速增加,其中,华

北、长三角和东南沿海地区广东省经济增速高，能源消费量大，是我国能源消费的第一阶梯；由东部沿海向内陆，中南地区的河南、两湖地区是我国能源消费的二级阶梯；西部地区人口较少、经济发展缓慢，是我国能源消费的三级阶梯（四川是我国西部开发的重点投资区域，能源消费量较高）。2015 年，我国能源消费总量增长至 43 亿吨标准煤，其中，东部消费占比 72.7%，西部占比 27.3%。分省能源消费看，山东、江苏、河北、广东、河南、辽宁等 19 省份能源消费量超过 1 亿吨标准煤，占我国能源消费总量的 82.3%。

从地理位置角度，我国能源消费重心移动轨迹位于东经 113.6°~114.6°，北纬 33.8°~34.4°，重心位于河南省境内。1995~2010 年，能源消费重心向南移动 0.5°，东西方向变化较小；2010~2015 年，能源消费重心向西偏移 0.51°，南北方向变化不大。我国 GDP 重心基本保持不变，西部地区由于能源利用效率低，单位生产总值能耗较东部地区差距逐渐增大，这也是能源消费重心西移的原因之一。1995~2015 年我国能源消费重心移动轨迹，如图 2-2 所示。

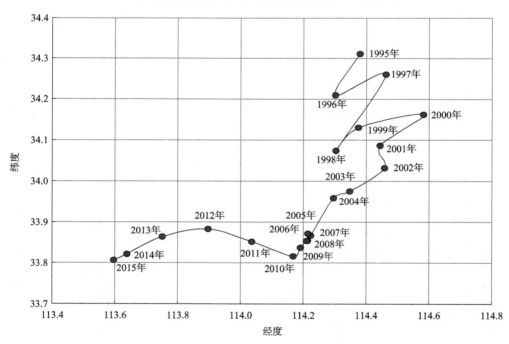

图 2-2　1995~2015 年我国能源消费重心移动轨迹

3. 能源运输规模逐年增大，呈现"西北—东南"的总体流向格局

总体来看，我国能源生产重心西移距离远大于消费重心西移距离，能源运输规模逐年增大。1995 年，我国能源生产重心到能源消费重心的距离为 276 千米，

2005 年扩大到 346 千米，2015 年进一步增加至 409 千米；1995 年我国能源生产总量 12.9 亿吨标准煤，2015 年增加至 36.2 亿吨标准煤。据此测算，1995~2015年，我国能源平均运输规模增加 13 000 亿吨标准煤·千米以上。

1995~2015 年我国能源生产消费重心移动轨迹，如图 2-3 所示。

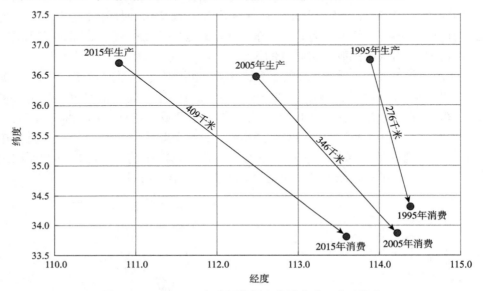

图 2-3　1995~2015 年我国能源生产消费重心移动轨迹

（二）分品种能源产消格局

1. 煤炭

煤炭资源在空间上具有明显区域特征，呈现"北富南贫、西多东少"的分布特点。根据国土资源部发布的《中国矿产资源报告 2016》，2015 年我国已探明煤炭储量 15 663.1 亿吨，仅次于美国和俄罗斯。按省、市、区计算，山西、内蒙古、陕西、新疆、贵州和宁夏 6 省区已探明煤炭储量最多，其中，华北地区的山西、内蒙古和西北地区的陕西分别占 25.7%、22.4% 和 16.2%。煤炭消费主要集中在东部和中南地区，由此形成了"北煤南运、西煤东运"的运输格局，并产生了山西、内蒙古、陕西、贵州、宁夏等煤炭输出省份，河南、安徽、河北等交汇中心和东部、中南部等众多输入省份。

2006~2013 年，我国煤炭产量逐年增加，至 2013 年原煤产量达到峰值 27.1 亿吨标准煤（根据电热当量计算法测算结果，下同），同年消费量也达到峰值 28.1 亿吨标准煤。近年来，随着国家实施能源供给侧改革，原煤产量开始下降，2015年原煤产量下降至 26.1 亿吨标准煤，煤炭消费量也下降至 27.4 亿吨标准煤。2006~

2015 年我国原煤产消总量，如图 2-4 所示。

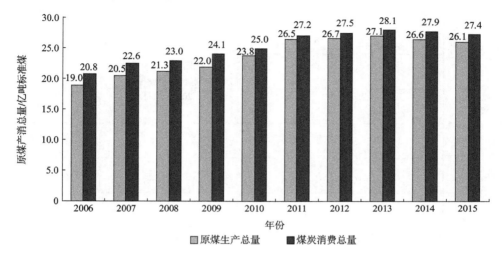

图 2-4　2006~2015 年我国原煤产消总量

　　煤炭生产规模扩大的同时，生产分布不断向西拓展。1995 年我国原煤生产主要集中在华北地区的东部，东北地区的黑龙江、辽宁两省，以及西南地区的四川、贵州两省。随着陕西、新疆等西部省区开采力度的加大，生产规模进一步扩大，生产重心逐渐西移。2015 年我国原煤年产量超过亿吨标准煤的省区有 6 个，分别为山西、内蒙古、陕西、贵州、新疆和山东，6 省区原煤生产总量为 20.1 亿吨标准煤，占全国年生产总量的 77%。

　　煤炭消费从原煤生产集中地向周边省份和能源消耗需求高的中东部省份扩展。1995 年我国煤炭消费区域主要集中在华北地区的山西、河北，东北地区的辽宁，华东地区的山东和江苏，华中地区的河南，以及西南地区的四川，这些省份大部分是原煤生产省份。随着东部地区经济快速发展，至 2015 年，我国煤炭消费区域已扩展至生产集中地周边、长三角、两湖和以广东为代表的珠三角消费地区，整体呈现"东南多，西北少"的消费分布格局。

　　我国煤炭生产重心西移距离远大于消费重心西移距离，且煤炭运输规模逐年增大。我国煤炭生产、消费重心移动轨迹基本遵循自东向西的规律。1995~2005 年，原煤生产重心向北方移动较快，煤炭消费重心基本稳定（略有西移）；2005~2015 年，原煤生产重心向西移动，煤炭消费重心则加速西移。从运输距离看，1995 年煤炭生产与消费重心之间运距为 400 千米，2005 年缩短至 260 千米，2015 年又延长至 309 千米。1995~2015 年，我国煤炭平均运输规模增加 4 300 亿吨·千米以上，煤炭资源总体流向格局由"东南→西北"演变为"西北→东南"。1995~2015 年我国煤炭生产消费重心移动轨迹，如图 2-5 所示。

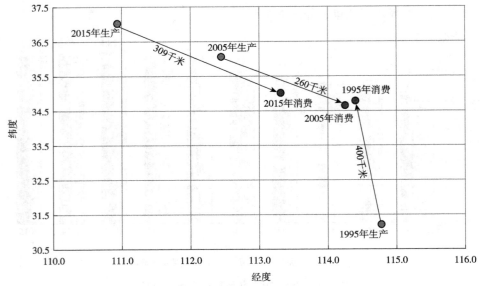

图 2-5 1995~2015 年我国煤炭生产消费重心移动轨迹

2. 石油

我国石油资源分布与消费格局空间不匹配,"西油东运""北油南运"是其主要特征。根据 2015 年全国油气资源评价成果,截至 2015 年底,我国石油地质资源量 1 257 亿吨、可采资源量 301 亿吨、剩余技术可采储量 35 亿吨。我国石油资源集中分布在松辽、渤海湾、鄂尔多斯、塔里木、准噶尔、珠江口、柴达木、北部湾等 8 个大型盆地,占全国的 84%。原油生产集中在北部的长庆油田、大庆油田、胜利油田和西部的新疆油田等大型油田,原油消费主要集中在东中部地区和南部沿海地区。

2006~2015 年,我国原油年生产规模基本保持在 2.0 亿吨左右,原油消费规模呈增加趋势,消费量由 2006 年的 3.5 亿吨增长至 2015 年的 5.4 亿吨,年均增量保持在 0.2 亿吨左右。总体来看,我国原油自给率在 40%左右。2006~2015 年我国原油产消变化,如图 2-6 所示。

随着西部地区油田开发规模加大,原油生产重心向西移动。原油生产的主要特点是受石油矿产资源分布的影响。1995 年,我国原油产量在 1 000 万吨以上的省区有黑龙江、山东、辽宁和新疆,4 省区原油产量合计 11 458.3 万吨,占当年全国原油生产总量的 76.4%;随着陕西、新疆等西部省区开发力度加强,西北地区能源供应地位逐渐提高,石油生产重心向西移动。至 2015 年,我国原油产量在 2 000 万吨以上的省区市有黑龙江、陕西、天津、新疆和山东,5 省区市原油生产总量 16 475.2 万吨,占当年全国原油生产总量的 75%。

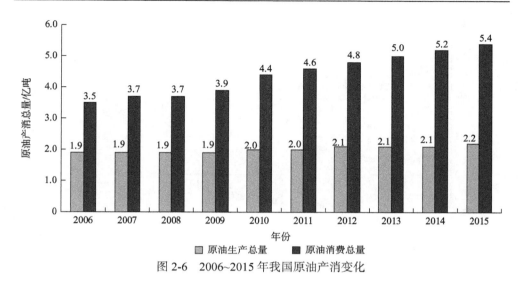

图 2-6　2006~2015 年我国原油产消变化

　　原油消费重心从生产集中地逐步向能源需求高的东部省份扩展。1995 年我国原油消费区域为东北地区的黑龙江和辽宁，华东地区的山东、江苏和上海，西北地区的新疆，珠三角地区的广东，这些地区多为我国石油产地和重工业发达省区市。随着消费规模不断增大，我国形成了以环渤海、长三角，以及珠三角广东为主要消费区域，中部湖北、河南和西南地区四川为次要消费区域的原油消费格局。2015 年，我国原油消费总量在 3 000 万吨以上的省市有广东、辽宁、山东、上海、江苏、四川，6 省市原油消费总量 23 709 万吨，占当年原油消费总量的 43.9%。

　　我国石油生产重心西移距离远大于消费重心西移距离，运输规模逐年增大。从石油生产和消费重心移动的轨迹看，基本遵循重心自东向西移动的规律。1995~2005 年，我国原油生产、消费重心均由东北方向向西南方向移动，但消费重心移动速度低于生产重心移动速度，原油运输方向由从东向西转为由西向东，运输距离维持在 800 千米左右，运输规模逐年增大；2005~2015 年，原油生产和消费重心持续西移，但两者运距缩短至 627 千米。1995 年我国原油产量 1.5 亿吨，2015 年增长至 2.2 亿吨，1995~2015 年，原油平均运输规模增加 150 亿吨·千米以上，石油资源总体流向格局由“东北→西南”演变为“西北→东南”。1995~2015 年我国原油生产和消费重心移动轨迹，如图 2-7 所示。

　　3. 天然气

　　我国天然气资源在区域分布上具有巨大的不均衡性，其主要分布在新疆、四川、陕西、青海等西部地区，以及东南沿海海域。根据 2015 年全国油气资源评价成果，截至 2015 年底，全国天然气地质资源量 90 万亿立方米、可采资源量 50 万亿立方米。天然气消费主要分布在经济相对发达的东部地区。天然气资源流动

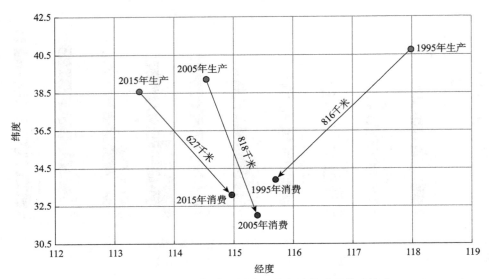

图 2-7　1995~2015 年我国原油生产和消费重心移动轨迹

呈现"西气东送、海气登陆"的输送格局。

　　2006~2015 年，我国天然气生产和消费规模快速增长。国产气由 2006 年的 588 亿立方米增长至 2015 年的 1 350 亿立方米，消费量由 2006 年的 561 亿立方米增长至 2015 年的 1 931 亿立方米。天然气产消差逐年增大，对外依存度逐年提高。2006~2015 年我国天然气产消变化，如图 2-8 所示。

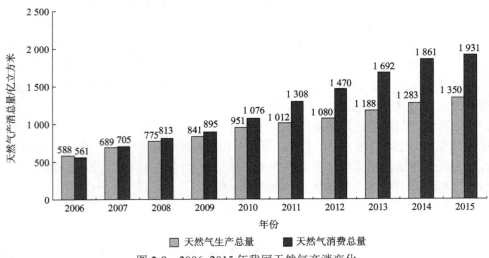

图 2-8　2006~2015 年我国天然气产消变化

　　天然气生产规模迅速扩大，生产区域不断拓展。1995 年，我国天然气产地主要分布在川渝和东北地区，新疆、山东、河南等地也有生产，但产量相对较少。

随着勘探开发力度提高，天然气生产规模迅速扩大，产区扩展到陕西、新疆、青海、广东、山西等省区。2015 年，国内天然气产量超过 30 亿立方米的省区有 6 个，分别为陕西、新疆、四川、广东、青海、山西，6 省区天然气产量合计 1 246.3 亿立方米，占当年国内天然气总产量的 92.3%。

天然气消费区域由资源产地向中东部地区扩展。西气东输一线工程建成投产之前，国内天然气消费主要集中在天然气产地及其周边区域。陕京线、西二线、西三线、川气东送，以及沿海 LNG 接收站等大型基础设施工程陆续建成投产，中东部地区天然气消费量迅速增加，天然气消费区域主要分布在东部沿海、华北、西北及西南地区。2015 年，国内天然气消费量超过 100 亿立方米的省区市有 5 个，分别为四川、江苏、北京、新疆、广东，5 省区市天然气消费量合计 773.9 亿立方米，占全国天然气消费总量的 40.1%。

我国天然气生产中心西移距离远大于消费重心西移距离，运输规模逐年增大。1995~2005 年，西南油气田、克拉玛依油田、长庆油田等油气田上产，天然气生产重心向西南方向移动。2007 年西气东输一线和 2012 年西气东输二线建成后向长三角、珠三角等地区供气，天然气消费重心开始向南移动。整体来看，我国天然气运输方向从西向东，运输距离逐渐扩大，1995 年天然气生产重心到消费重心的距离为 316 千米，2005 年大幅扩大至 826 千米，2015 年距离缩小至 703 千米。1995~2015 年，国产气平均运输规模增加至 90 万亿立方米·千米以上。天然气资源总体流向保持"由西向东"的格局。1995~2015 年我国天然气生产和消费重心移动轨迹，如图 2-9 所示。

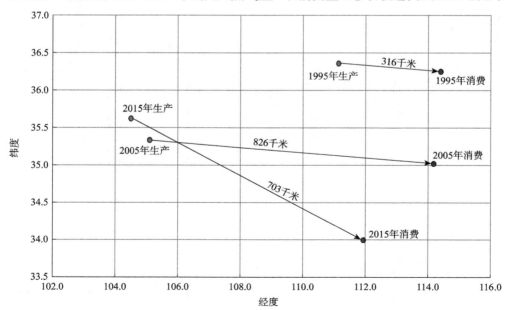

图 2-9　1995~2015 年我国天然气生产和消费重心移动轨迹

4. 电力

我国电力供应主要包括火电、水电、风电、核电和太阳能五种，水电是除火电外的主要电力来源，本章主要考虑一次能源供应情况，风电、核电、太阳能占比相对较小，在此不做详述。

我国水力资源地域分布极其不均，呈现西部多东部少的态势。按照技术可开发装机容量统计（不含港澳台地区），我国经济相对落后的西部，如云、贵、川、渝、陕、甘、宁、青、新、藏、桂、蒙等12个省区市水力资源约占全国总量的81.5%，其中，西南地区的云、贵、川、渝、藏占66.7%；其次是中部的黑、吉、晋、豫、鄂、湘、皖、赣等8个省占13.7%；经济发达、用电负荷集中的东部辽、京、津、冀、鲁、苏、浙、沪、粤、闽、琼等11个省市仅占4.9%。因此，西部水力资源开发除了西部电力市场自身需求以外，还要考虑东部市场，实行水电的"西电东送"。

截至2015年底，全国水电发电装机达到3.2亿千瓦，居世界第一位。水电装机主要集中在四川、云南、湖北、贵州、广西等省区。

近十年来，水电发电量逐年升高，由2006年的4 358亿千瓦时增长至2015年的11 127亿千瓦时，年均增长11.0%，未来仍将继续保持增长态势。2006~2015年我国水电生产电力量及增长率，如图2-10所示。

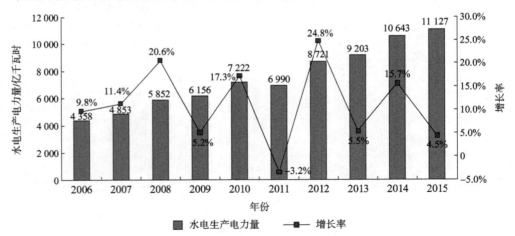

图 2-10　2006~2015年我国水电生产电力量及增长率

图内数据结果为四舍五入

（三）中国能源生产和消费存在的问题

我国能源消费总量大、增长速度快，发展规模和速度未得到有效控制，这使得以煤炭为主的能源生产和消费格局给生态环境造成了严重影响。

1. 能源生产和消费总量大，对外依存度不断增加

我国是世界能源生产和消费第一大国，近年来能源产消差日趋增大，对外依存度不断增加。我国一次能源消费总量从 1980 年的 6.03 亿吨标准煤增长至 2013 年的 41.7 亿吨标准煤，年均增速 6.0%，尤其是 2003~2005 年的三年时间，能源消费加速增长，年均增速高达 12.0%。2015 年，我国能源消费总量达到 43.0 亿吨标准煤，居世界第一位。

2015 年，我国能源生产总量 36.2 亿吨标准煤，能源对外依存度 15.8%，其中，原油对外依存度达到 60%。1995~2015 年我国能源生产与消费总量，如图 2-11 所示。

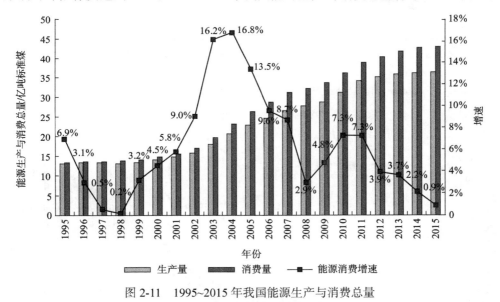

图 2-11　1995~2015 年我国能源生产与消费总量

2. 能源生产和消费结构落后一个"能源时代"

长期以来，煤炭在我国能源生产和消费结构中占据主要的地位。改革开放后，煤炭在能源生产结构中的占比持续上升，至 2011 年达到峰值 77.8%，2015 年下降至 72.2%。1990 年煤炭在一次能源结构中消费占比 76.2%，1990~2000 年下降至 68.5%，2001~2006 年小幅上升至 72.4%，2007 年后又开始下降，至 2015 年降至 63.7%。尽管近年来煤炭消费占比有所下降，但能源结构并未发生根本性转变。与世界平均水平相比（2014 年世界能源消费中煤炭占比 30%、油气占比 57%、非化石能源占比 13%），我国能源生产和消费结构仍处于煤炭时代，比世界平均水平落后一个"能源时代"。1980~2015 年我国能源生产总量及结构，如图 2-12 所示；1980~2015 年我国能源消费总量及结构，如图 2-13 所示。

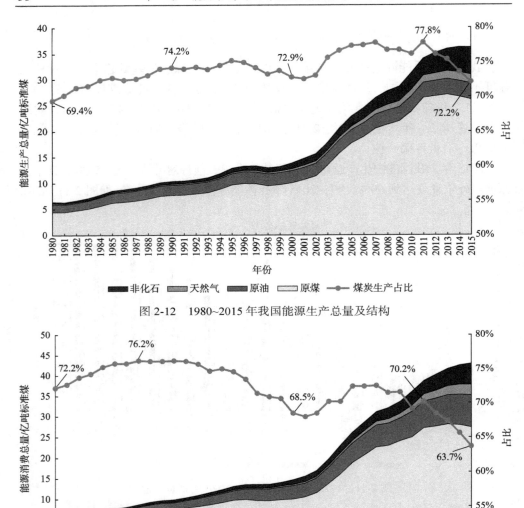

图 2-12　1980~2015 年我国能源生产总量及结构

图 2-13　1980~2015 年我国能源消费总量及结构

3. 能源消费总量和消费结构对生态环境造成严重影响

我国能源消费总量过大、消费结构不合理等对生态环境，尤其是大气环境造成了严重影响，已经突破了生态红线，能源和资源消耗早已超过环境容量。煤炭燃烧产生的废弃物是大气中的 SO_2、NO_x、烟尘的主要来源，煤炭占比较高导致区域污染物排放剧增，部分地区 PM2.5 远超世界平均水平。2014 年我国东部地区单位体积 PM2.5 浓度超过 75 微克/米³（美国：低于 15 微克/米³），是世界平均水平（不含我国）的 8 倍以上，如表 2-1 所示。

表 2-1　2014 年中、美煤炭使用及 PM2.5 浓度情况

项目	世界平均水平（不含中国）	美国	中国
单位面积煤炭使用量/（克标准煤/米³）	28.0	88	367
PM2.5 浓度/（微克/米³）	<10	<15	>75（东部）

生态足迹，是指通过计算人类所需的生物生产性土地面积来衡量人类对生物圈的需求，包括可再生资源消耗、基础设施建设，以及吸纳化石能源燃烧产生的 CO_2 排放（扣除海洋吸收部分）所需的生物生产性土地面积，不断增长的人均生态足迹和人口意味着人类对自然资源的需求在不断增加。20 世纪 70 年代初，我国消耗可再生资源的速率开始超过其再生能力，出现生态赤字，且随后一直呈扩大趋势，如图 2-14 所示。2008 年，我国人均生态足迹为 2.1 全球性公顷，是人均生物承载力（0.87 全球性公顷）的近 2.5 倍，正经历有史以来最大的生态赤字。

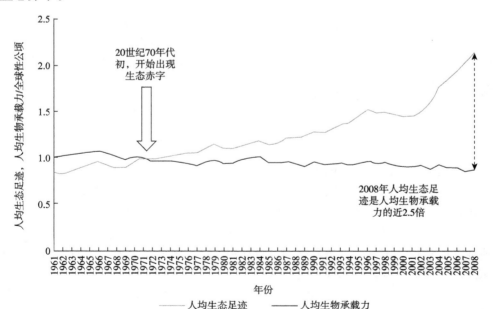

图 2-14　1961~2008 年我国生态足迹与人均生物承载力演变

资料来源：世界自然基金会. 中国生态足迹报告，2012

二、中国能源需求预测

（一）研究思路和方法

采用 LEAP 模型对中远期能源需求预测进行分析。LEAP 模型由瑞典斯德哥尔摩环境协会与美国波士顿大学共同开发，是一种分部门自上而下与自下而上相结合的模型。基于国家发展愿景及能源政策设定情景，以环境控制指标为约束条件，对能源需求总量和需求结构进行预测。LEAP 模型操作运行界面，如图 2-15 所示。

图 2-15　LEAP 模型操作运行界面

中长期能源需求预测的逻辑如下：

（1）基于国家发展愿景，对未来社会经济发展情景（人口、GDP、产业结构、城镇化率）和环境发展情景进行设定。

（2）基于宏观指标对国民经济各部门包括第一产业、工业、建筑业、交通运输业、服务业、家庭生活等发展前景及居民生活状况进行分析，从而得到适应国家发展愿景的系统自给的各部门代表性指标。

（3）分析各行业能源利用技术潜力及前景，对各部门能源利用特征指标进行预测，主要包括单位产品能耗、单位增加值能耗及人均能耗等。

（4）结合国民经济各行业发展及各部门能源利用的特征进行分析，考虑各能源品种供应可能前景，预测能源需求总量及品种结构。

（5）在能源需求总量及品种结构预测结果的基础上，考察能源利用过程中污染物排放是否满足生态环境要求。

（6）如果已满足环境发展情景要求，上述预测即最终结果；如果不满足，则需调整能源政策，进一步提高能源利用效率或者加大清洁能源替代力度、控制高碳化石能源消费等，最终得到满足环境发展情景要求的能源需求总量及结构结果。

研究逻辑框架图，如图 2-16 所示。

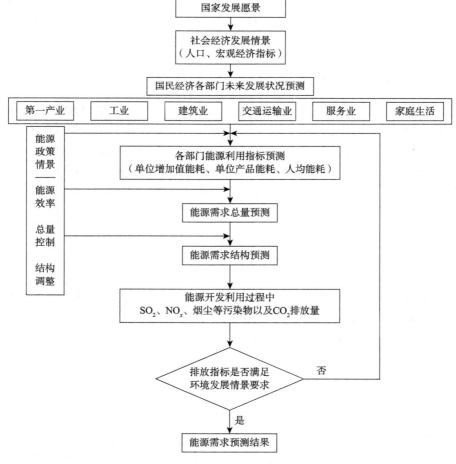

图 2-16　研究逻辑框架图

相应地，能源需求核算及预测方程如下：

第一，能源需求总量 ED 等于部门能源需求（部门活动水平 $V \times$ 单耗 EPV）之和：

$$ED \equiv \sum_i ED_i \equiv \sum_i V_i \times EPV_i \qquad (2\text{-}1)$$

第二，部门活动水平是社会经济发展一系列指标的函数：

$$V_i = f(\text{社会经济发展各指标}) \qquad (2\text{-}2)$$

第三，部门单耗水平是技术水平及潜力、环境约束、能源政策等因素的函数：

$$EPV_i = g(\text{技术水平及潜力，能源政策，环境约束}) \qquad (2\text{-}3)$$

第四，各品种能源需求同样受技术条件、能源政策及环境约束的影响：

$$ED_j = ED \times s(\text{技术条件，能源政策，环境约束}) \qquad (2\text{-}4)$$

第五，污染物排放 EE 等于各品种能源排放（需求量×排放因子）之和：

$$EE \equiv \sum_j ED_j \times \delta_j \qquad (2\text{-}5)$$

（二）主要指标预测

中长期需求预测基于 21 世纪中叶人均生产总值达到中等发达国家水平，基本实现现代化，成为现代化强国，建成美丽中国的"三步走"国家发展愿景，着力推动能源生产和消费革命，加快能源结构调整，促进节能低碳产业和新能源、可再生能源发展，增加清洁能源供应，打造宜居适度、山清水秀、天蓝地绿的美好家园。模型预测主要指标包括社会经济发展指标和环境控制目标两部分，具体指标预测结果如下。

1. 社会经济发展指标

1）人口

我国人口生育高峰已过，人口增速趋缓。参考联合国人口署、世界银行等机构的预测，我国人口预计在 2030 年前后达到峰值，峰值水平约 14.5 亿人，此后开始缓慢减少，预计 2035 年和 2050 年人口总量分别降至 14.4 亿人和 13.9 亿人。我国人口发展历程及发展目标，如图 2-17 所示。

2）GDP

我国中长期经济持续增长潜力依然巨大。国务院发展研究中心、林毅夫、樊纲、王一鸣等机构和专家学者的研究成果表明，投资质量和效率提升、内需发展加快、新型城镇化建设拉动、全要素生产率恢复增长，以及改革红利将会促进工业结构调整、区域布局优化，将会为经济发展带来新的活力。参考国际其他国家经济发展历程，预计 2030 年前中国 GDP 将保持 5.0%以上的增长速度，2031~2040年保持 4.0%以上增速，2041~2050 年将保持 3.0%以上增速。我国 GDP 增速发展历程及增长目标，如图 2-18 所示。

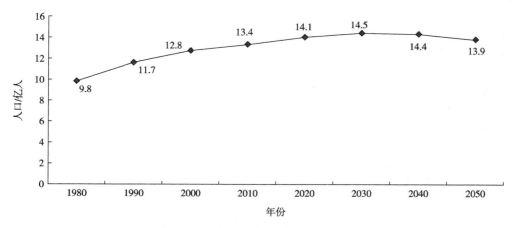

图 2-17　我国人口发展历程及发展目标

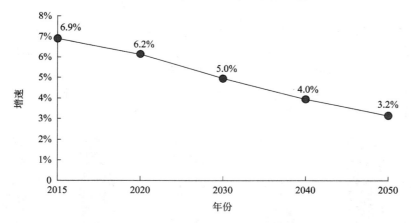

图 2-18　我国 GDP 增速发展历程及增长目标

3）产业结构

我国产业结构正处于工业化中级向高级转化的阶段，产业结构中第一产业和第二产业占比不断下降，第三产业占比将逐渐上升。根据人均 GDP 与第三产业占比关系：人均 GDP 位于 3 000 国际元（1990 年）以下为低水平发展阶段，第三产业比重随着人均 GDP 的增长迅速提升，由不足 40%快速提高到 55%；人均 GDP 位于 3 000~10 000 国际元（1990 年）为服务业与工业并行发展阶段，第三产业所占比重为 55%~65%；人均 GDP 位于 10 000~22 000 国际元（1990 年）为加速发展阶段，第三产业由 60%快速上升到 70%；人均 GDP 超过 22 000 国际元（1990 年）为发达阶段，第三产业占比稳定在 70%以上水平。第三产业与人均 GDP 的关系，如图 2-19 所示。

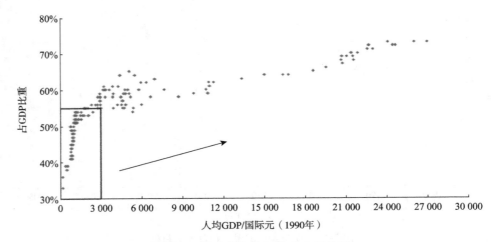

图 2-19 　第三产业与人均 GDP 的关系

2015 年中国人均 GDP 已超过 7 000 国际元（1990 年），服务业在产业结构中占比仅为 50%，远低于同等收入水平下 60%的国际平均水平，产业结构极不合理。在当前产业结构调整政策指导下，我国将持续优化产业结构，提高第三产业占比。2015~2050 年，第三产业占比将由 50%升至 67%，第一、第二产业占比分别由 9%、41%下降至 3%和 30%。我国产业结构现状及调整目标，如图 2-20 所示。

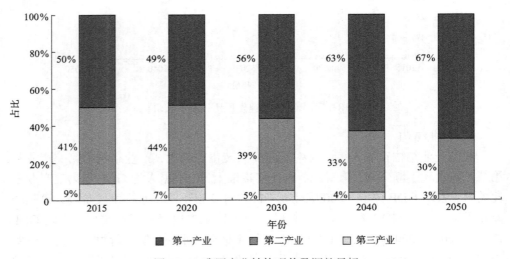

图 2-20 　我国产业结构现状及调整目标

4）城镇化率

我国城镇化水平滞后于工业化进程，随着新型城镇化政策的实施和推进，未来城镇化发展水平有望达到东亚经济体中间水平。综合统计，日本、韩国、中国等地城镇化率随人均 GDP 增长变化呈现先快速增长再趋于平稳增长的态势。初期当人均 GDP 低于 5 000 国际元（1990 年）时，城镇化率随着人均 GDP 的增长快速升高；当人均 GDP 超过 5 000 国际元（1990 年）后，城镇化率持续提高，但增速趋缓。东亚经济体城镇化水平与发展阶段，如图 2-21 所示。

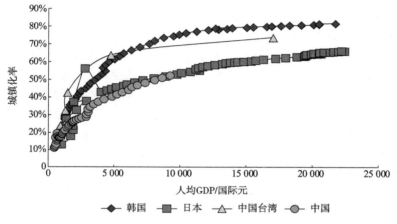

图 2-21　东亚经济体城镇化水平与发展阶段

目前，我国城镇化水平较低，2015 年城镇化率为 56%，随着经济的高速增长和推进新型城镇化的政策的实施，2031 年之前我国城镇化率将以年均 1% 的增速高速发展；2031~2050 年城镇化进程趋缓，但仍将保持 0.3% 以上的年均增速，预计 2030 年和 2050 年城镇化率将分别达到 72% 和 77%。我国城镇化水平及未来发展目标，如图 2-22 所示。

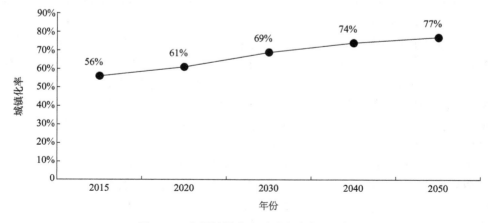

图 2-22　我国城镇化水平及未来发展目标

2. 环境控制目标

长时间、大面积的雾霾问题终于让人们认识到改善环境的重要性，大力建设生态文明已成为各界的心声。为实现"建设美丽中国"的发展目标，打造宜居适度、山清水秀、天蓝地绿的美好家园，未来我国生态环境至少要回到 20 世纪 80 年代初的水平。

1）大气污染物控制目标

中长期环境和生态保护目标是根据《中国环境宏观战略研究》设定的，该目标如下：2020 年，主要污染物排放总量得到有效控制，生态环境质量明显改善；2030 年，污染物排放总量得到全面控制，生态环境质量显著改善；2050 年，环境质量与人民群众日益提高的物质生活水平相适应，生态环境质量全面改善。参考"国家环境保护规划"、《大气污染防治行动计划》，以及中国工程院相关研究成果，2050 年我国主要污染物减排较 2010 年将下降 50%以上，SO_2、NO_x、烟尘的排放量分别为 1 000 万吨、1 100 万吨和 400 万吨以内，较 2010 年分别下降 54.2%、51.6%和 51.7%。2020~2050 年主要大气污染物控制情景设定，如表 2-2 所示。

表 2-2　2020~2050 年主要大气污染物控制情景设定　　　　单位：万吨

污染物排放	2020 年	2030 年	2040 年	2050 年
SO_2 排放量	1 900	1 600	1 300	1 000
NO_x 排放量	1 950	1 700	1 400	1 100
烟尘排放量	700	600	500	400

2）CO_2 控制目标

气候变化是当今人类社会面临的共同挑战，需国际社会携手共同应对。化石能源燃烧是温室气体排放的主要原因，在碳捕获技术尚未成熟之前，限制高碳化石燃料消费是降低温室气体排放的必要途径。我国是拥有 13 多亿人口的发展中国家，绿色低碳发展是生态文明建设的重要内容，结合我国发展国情及可持续发展战略，参考 IPCC（Intergovernmental Panel on Climate Change，即联合国政府间气候变化专门委员会）及国内相关研究，按照树立负责任大国形象的要求设定未来碳排放场景。我国 CO_2 排放量将在 2030 年达到峰值，峰值水平约为 125 亿吨（能源 CO_2 排放 110 亿吨），2035 年 CO_2 排放量降至 124 亿吨（能源 CO_2 排放 110 亿吨），2050 年 CO_2 排放降至 105 亿吨（能源 CO_2 排放 95 亿吨）。CO_2 排放控制情景，如图 2-23 所示。

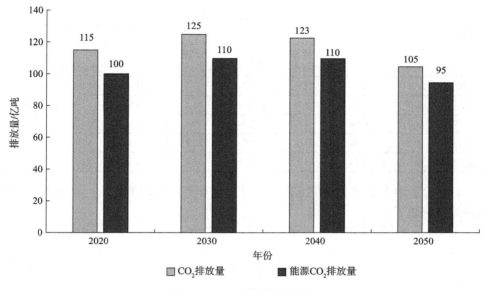

图 2-23　CO_2 排放控制情景

（三）需求预测结果

我国能源发展的首要任务是在控制能源消费总量的前提下，提升天然气和非化石能源占比，降低煤炭消费比重。综合考虑社会经济发展目标和环境控制目标，我国能源消费总量将在 2040 年前达到峰值，峰值水平约 58 亿吨标准煤。一次能源消费增速从 2016~2020 年的 1.8%降至 2021~2030 年的 1.6%及 2031~2040 年的 0.7%，之后以年均 0.3%的速度缓慢下降。

在国家推动能源结构转型、消费总量控制基本思路的指导下和碳排放、污染物控制环保条件的约束下，能源消费结构中，煤炭占比不断下降，油气占比稳步上升，非化石能源占比大幅提高。其中，煤炭消费在 2013 年峰值水平上持续下降，2050 年降至 31.9 亿吨（折合 22.8 亿吨标准煤），占能源消费总量的 40%，仍是主要能源品种；石油需求稳步增长，2030 年达到峰值 5.8 亿吨（折合 8.3 亿吨标准煤），此后缓慢下降，2050 年石油消费总量 5.2 亿吨（折合 7.4 亿吨标准煤），占能源消费总量的 13%；天然气需求持续高速增长，到 2050 年有望达到 7 293 亿立方米（折合 9.7 亿吨标准煤），占能源消费总量的 17%；非化石能源高速增长，逐步转化成为主体能源，2020 年在能源消费结构中的占比将达到 15%（消费量折合 7.2 亿吨标准煤），2050 年占比达到 30%（消费量折合 17.1 亿吨标准煤），占能源消费总量的比例接近三分之一。

2020~2050 年我国能源消费总量及结构预测，如表 2-3 所示。

表 2-3　2020~2050 年我国能源消费总量及结构预测

类别	2020 年		2030 年		2035 年		2050 年	
	消费量/亿吨标准煤	占比	消费量/亿吨标准煤	占比	消费量/亿吨标准煤	占比	消费量/亿吨标准煤	占比
煤炭	27.8	58%	27.5	50%	26.8	47%	22.8	40%
石油	8.2	17%	8.3	15%	8.2	14%	7.4	13%
天然气	4.8	10%	8.3	15%	8.8	16%	9.7	17%
非化石	7.2	15%	11.0	20%	12.8	23%	17.1	30%
消费总量	48.0	100%	55.1	100%	56.6	100%	57.0	100%

具体分析单个能源品种供应前景、环境治理要求及政策走向，未来不同能源品种的供需如下。

（1）煤炭。我国煤炭资源相对丰富，储量接近 1 150 亿吨，居世界第 3 位，但煤炭消费会产生大量污染物，在强化大气污染防治和碳排放约束条件下，国家将对煤炭消费量加以约束和控制。未来煤炭的利用方向将逐渐向电力、钢铁和煤化工等集中利用方向发展。按照"美丽中国"建设目标、《大气污染防治行动计划》对大气污染物的减排需求，以及《强化应对气候变化行动——中国国家自主贡献》中对碳排放控制的目标要求，煤炭消费将在 2013 年的峰值水平上持续下降。

（2）石油。随着我国经济的快速增长、工业化和城镇化进程的推进与汽车保有量的迅速增长，未来我国石油需求量仍将保持较快速度增长。但我国石油资源相对匮乏（储量 14 亿吨，居世界第 14 位），受资源储量的影响和地质条件的限制，国内石油产量很难大幅增长。页岩油、油砂油等非常规石油资源虽然较丰富，但是品位较低，开采成本大，难以成为主力，只能对常规石油进行补充。另外考虑到能源安全问题和新能源汽车的发展对交通领域用油的冲击，预计石油消费量将在 2030 年达到峰值，随后开始逐渐回落。

（3）天然气。天然气是一种优质、高效、清洁的低碳能源，节能减排效果显著。随着中国大气污染防治和能源结构调整力度的进一步加大，天然气将在未来较长时间内得到快速发展。一方面，我国天然气增产基础牢固，常规天然气勘探开发仍处于快速增长期，非常规天然气资源禀赋巨大（储量 3.5 万亿立方米，居世界第 13 位）。另一方面，全球天然气资源丰富，随着美国页岩气开采技术的突破，世界天然气供应能力将不断提升，我国正加大天然气进口力度，不断提高进口多元化，未来天然气进口能力将显著提升。在资源供应能力充足、有保障的前提下，2015~2050 年，我国天然气消费将以年均 3.9% 的速度持续增长。

（4）非化石能源。核能、水能、风能、太阳能、生物质能等非化石能源由于其绿色、清洁的特性，是我国未来能源发展的最主要方向。其中，核能虽受日本福岛核事故的影响，近年来建设步伐有所减缓，但在我国能源发展战略中的地位并没有改变，在加大科技创新、保障安全的基础上，有序推进核电建设，促进核电装机规模进一步提升。中国西南地区的水能、西部地区的风能和太阳能十分丰富，其中水力资源理论蕴藏量、技术开发量、经济开发量及已建和在建开发量均居世界首位；风能和太阳能的技术可开发装机容量也逐年提升；中国生物质资源品种丰富，包括农业有机废物、林业废弃物、生活废弃物、工业废弃物等，可利用的生物质资源的发展潜力十分巨大。2015~2050 年非化石能源将以年均 3.5%的增速高速增长。

三、中国西部能源供应和东部能源消费现状

西部地区指西北和西南地区，共 12 个省区市。其中，西北地区包括新疆、青海、甘肃、宁夏、陕西、内蒙古等 6 个省区，西南地区包括重庆、四川、贵州、云南、西藏和广西等 6 个省区市。东部地区是指除西部地区外的其他 19 个省市。

（一）西部能源生产与消费现状

1. 一次能源生产与消费总量

根据《中国能源统计年鉴 2016》，2015 年西部 12 个省区市一次能源生产总量为 195 764 万吨标准煤，其中，内蒙古、陕西、新疆三省区一次能源生产总量合计 144 048 万吨标准煤，占西部一次能源生产总量的 73.6%。2006~2015 年西部各省区市一次能源生产情况，如表 2-4 所示。

表 2-4　2006~2015 年西部各省区市一次能源生产情况

单位：万吨标准煤

省区市	2006 年	2007 年	2008 年	2009 年	2010 年	2011 年	2012 年	2013 年	2014 年	2015 年
内蒙古	24 953	30 382	39 319	46 551	57 795	71 298	74 097	74 337	76 005	70 876
陕西	18 225	21 368	25 548	29 821	33 976	38 225	42 281	48 224	51 145	52 401
新疆	10 576	12 186	13 362	14 333	14 550	15 812	18 216	19 052	19 952	20 771
贵州	10 224	9 790	9 517	11 094	12 180	11 731	13 527	14 411	14 913	14 355
四川	10 775	12 386	11 970	11 559	11 549	12 093	11 816	10 888	12 658	12 342
云南	6 663	7 267	7 863	7 708	8 162	8 474	8 886	10 126	6 361	7 017
宁夏	2 774	3 370	3 540	4 411	5 023	5 961	6 196	6 675	6 630	6 343
甘肃	3 612	3 815	3 597	3 498	3 876	3 890	4 021	4 072	4 367	4 182
重庆	3 570	3 875	3 738	3 531	3 573	3 399	2 847	3 161	3 367	3 535
青海	1 562	1 991	2 319	2 489	2 974	3 194	3 551	4 199	3 276	2 439
广西	927	1 103	1 271	1 115	1 171	1 088	1 201	1 214	1 451	1 445
西藏	22	22	25	22	22	28	26	29	42	58
西部合计	93 883	107 555	122 069	136 132	154 851	175 193	186 665	196 388	200 167	195 764

资料来源：（2007~2016 年），西藏仅统计一次电力生产情况

根据《中国能源统计年鉴 2016》，2015 年西部 12 个省区市一次能源消费总量为 122 244 万吨标准煤，其中，四川、内蒙古、新疆、陕西、云南五省区一次能源消费总量合计 76 539 万吨标准煤，占西部一次能源消费总量的 62.6%。2006~2015 年西部各省区市一次能源消费情况，如表 2-5 所示。

表 2-5   2006~2015 年西部各省区市一次能源消费情况

单位：万吨标准煤

省区市	2006 年	2007 年	2008 年	2009 年	2010 年	2011 年	2012 年	2013 年	2014 年	2015 年
四川	12 986	14 214	15 145	16 322	17 892	19 696	20 575	19 212	19 879	19 888
内蒙古	11 221	12 777	14 100	15 344	16 820	18 737	19 786	17 681	18 309	18 927
新疆	6 047	6 576	7 069	7 526	8 290	9 927	11 831	13 632	14 926	15 651
陕西	6 129	6 775	7 417	8 044	8 882	9 761	10 626	10 610	11 222	11 716
云南	6 621	7 133	7 511	8 032	8 674	9 540	10 434	10 072	10 455	10 357
贵州	6 172	6 800	7 084	7 566	8 175	9 068	9 878	9 299	9 709	9 948
广西	5 390	5 997	6 497	7 075	7 919	8 591	9 155	9 100	9 515	9 761
重庆	5 368	5 947	6 472	7 030	7 856	8 792	9 278	8 049	8 593	8 934
甘肃	4 743	5 109	5 346	5 482	5 923	6 496	7 007	7 287	7 521	7 523
宁夏	2 830	3 077	3 229	3 388	3 681	4 316	4 562	4 781	4 946	5 405
青海	1 903	2 095	2 279	2 348	2 568	3 189	3 524	3 768	3 992	4 134
西藏	—	—	—	—	—	—	—	—	—	—
西部合计	69 410	76 500	82 149	88 157	96 680	108 113	116 656	113 491	119 067	122 244

资料来源：《中国能源统计年鉴 2016》

2. 煤炭生产与消费总量

根据《中国能源统计年鉴 2016》，2015 年西部 12 个省区市原煤生产总量为 204 728 万吨，其中，内蒙古、陕西两省区的原煤生产总量之和为 143 533 万吨，占西部原煤生产总量的 70.1%。2006~2015 年西部各省区市原煤生产情况，如表 2-6 所示。

表 2-6   2006~2015 年西部各省区市原煤生产情况   单位：万吨

省区市	2006 年	2007 年	2008 年	2009 年	2010 年	2011 年	2012 年	2013 年	2014 年	2015 年
内蒙古	29 760	35 438	49 042	60 058	78 665	97 961	104 191	99 055	99 391	90 957
陕西	16 211	18 313	24 264	29 611	36 164	41 135	46 767	50 323	52 226	52 576
贵州	11 817	10 864	11 240	13 691	15 954	15 601	18 107	18 518	18 508	17 205
新疆	4 519	5 019	6 763	8 813	9 927	11 992	15 375	14 204	14 520	15 221
宁夏	3 275	3 906	4 395	5 669	6 808	8 124	8 598	8 800	8 563	7 976
四川	8 499	9 558	9 637	9 505	9 248	9 377	9 471	6 588	7 663	6 406
云南	7 339	7 755	8 657	8 921	9 763	9 957	10 385	10 686	4 741	5 184

续表

省区市	2006 年	2007 年	2008 年	2009 年	2010 年	2011 年	2012 年	2013 年	2014 年	2015 年
甘肃	3 823	3 949	3 952	3 976	4 688	4 701	4 878	4 521	4 753	4 400
重庆	4 044	4 294	4 207	4 279	4 575	4 364	3 572	3 910	3 884	3 562
青海	592	896	1 294	1 577	2 016	2 176	2 606	3 128	1 833	816
广西	681	721	451	520	758	784	754	697	615	425
西藏	—	—	—	—	—	—	—	—	—	—
西部合计	90 560	100 713	123 902	146 620	178 566	206 172	224 704	220 430	216 697	204 728

资料来源:《中国能源统计年鉴 2016》

根据《中国能源统计年鉴 2016》，2015 年西部 12 个省区市煤炭消费总量为 131 134 万吨，其中，内蒙古、陕西、新疆、贵州四省区的煤炭消费总量之和为 85 066 万吨，占西部煤炭消费总量的 64.9%。2006~2015 年西部各省区市煤炭消费情况，如表 2-7 所示。

表 2-7　2006~2015 年西部各省区市煤炭消费情况　　　　单位：万吨

省区市	2006 年	2007 年	2008 年	2009 年	2010 年	2011 年	2012 年	2013 年	2014 年	2015 年
内蒙古	22 242	18 607	22 242	24 047	27 004	34 684	36 620	34 916	36 465	36 500
陕西	7 598	8 082	8 941	9 497	11 639	13 318	15 774	17 248	18 375	18 374
新疆	4 436	4 944	5 709	7 418	8 106	9 745	12 028	14 206	16 088	17 359
贵州	8 995	9 573	9 732	10 912	10 908	12 085	13 328	13 651	13 118	12 833
四川	9 160	10 191	10 727	12 147	11 520	11 454	11 872	11 679	11 045	9 289
宁夏	3 519	4 089	4 287	4 781	5 765	7 947	8 055	8 534	8 857	8 907
云南	7 482	7 620	7 916	8 886	9 349	9 664	9 850	9 783	8 675	7 713
甘肃	3 959	4 469	4 683	4 479	5 390	6 303	6 558	6 541	6 716	6 557
重庆	4 690	5 110	5 273	5 782	6 397	7 189	6 750	5 795	6 096	6 047
广西	3 980	4 671	4 676	5 199	6 207	7 033	7 264	7 344	6 797	6 047
青海	1 082	1 291	1 316	1 310	1 271	1 508	1 859	2 073	1 817	1 508
西藏	—	—	—	—	—	—	—	—	—	—
西部合计	77 143	78 647	85 502	94 458	103 556	120 930	129 958	131 770	134 049	131 134

资料来源:《中国能源统计年鉴 2016》

3. 石油生产与消费总量

根据《中国能源统计年鉴 2016》，2015 年西部 12 个省区市原油生产总量为 6 947 万吨，其中，陕西、新疆两省区的原油生产总量之和为 6 532 万吨，占西部原油生产总量的 94.0%。2006~2015 年西部各省区市原油生产情况，如表 2-8 所示。

表 2-8 2006~2015 年西部各省区市原油生产情况　　　单位：万吨

省区市	2006 年	2007 年	2008 年	2009 年	2010 年	2011 年	2012 年	2013 年	2014 年	2015 年
陕西	1 989	2 266	2 464	2 696	3 017	3 225	3 528	3 688	3 768	3 737
新疆	2 475	2 604	2 715	2 513	2 558	2 616	2 671	2 792	2 875	2 795
青海	223	221	220	186	186	195	205	215	220	223
甘肃	82	83	75	49	58	63	70	73	71	67
广西	3	3	3	3	3	2	2	44	59	51
内蒙古	—	—	—	—	—	—	—	—	21	46
四川	18	18	23	22	15	16	18	22	19	15
宁夏	—	—	—	3	3	4	2	6	8	13
重庆	—	—	—	—	—	—	—	—	—	—
贵州	—	—	—	—	—	—	—	—	—	—
云南	—	—	—	—	—	—	—	—	—	—
西藏	—	—	—	—	—	—	—	—	—	—
西部合计	4 790	5 195	5 500	5 472	5 840	6 121	6 496	6 840	7 041	6 947

资料来源：《中国能源统计年鉴 2016》

根据《中国能源统计年鉴 2016》，2015 年西部 12 个省区市石油消费总量为 10 764 万吨，其中，四川、新疆、广西和云南四省区的石油消费总量之和为 6 788 万吨，占西部石油消费总量的 63.1%。2006~2015 年西部各省区市石油消费情况，如表 2-9 所示。

表 2-9 2006~2015 年西部各省区市石油消费情况　　　单位：万吨

省区市	2006 年	2007 年	2008 年	2009 年	2010 年	2011 年	2012 年	2013 年	2014 年	2015 年
四川	819	972	1 135	1 309	1 497	1 825	1 961	2 395	2 724	3 029
新疆	1 043	1 086	980	839	869	971	1 100	1 271	1 270	1 423
广西	658	717	720	770	889	1 019	1 132	999	1 109	1 228
云南	521	602	657	698	899	975	1 070	996	1 061	1 108
甘肃	465	499	534	572	608	662	691	872	881	887
内蒙古	760	842	1 012	1 093	1 161	1 348	1 278	1 021	967	869
贵州	282	367	428	433	502	546	562	658	683	842
重庆	320	374	410	423	505	622	637	706	704	793
青海	86	107	166	140	149	254	243	227	240	261
宁夏	153	158	188	192	203	199	252	264	233	210
陕西	1 387	818	1 379	1 244	1 041	1 123	1 098	1 177	1 213	114
西藏	—	—	—	—	—	—	—	—	—	—
西部合计	6 494	6 542	7 609	7 713	8 323	9 544	10 024	10 586	11 085	10 764

资料来源：《中国能源统计年鉴 2016》

注：石油消费是指可供本地区消费的原油、汽油、煤油、柴油、燃料油、石脑油、润滑油、石蜡、溶剂油、石油沥青、石油焦、液化石油气、炼厂干气，以及其他石油制品之和

4. 天然气生产与消费总量

根据《中国能源统计年鉴 2016》，2015 年西部 12 个省区市天然气生产总量为 1 080 亿立方米，其中，陕西、新疆和四川三省区的天然气生产总量之和为 976 亿立方米，占西部天然气生产量的 90.4%。2006~2015 年西部各省区市天然气生产情况，如表 2-10 所示。

表 2-10　2006~2015 年西部各省区市天然气生产情况

单位：亿立方米

省区市	2006 年	2007 年	2008 年	2009 年	2010 年	2011 年	2012 年	2013 年	2014 年	2015 年
陕西	80	110	144	190	224	272	311	372	410	416
新疆	164	210	236	245	250	235	253	284	297	293
四川	160	187	194	194	238	266	242	245	254	267
青海	25	34	44	43	56	65	64	68	69	61
重庆	6	5	10	1	1	0	0	2	8	33
内蒙古	0	0	0	0	0	0	0	10	15	9
贵州	—	—	—	—	—	—	—	—	—	1
广西	0	0	9	0	0	0	0	0	0	0
甘肃	2	1	1	0	0	0	0	0	0	0
云南	—	—	—	—	—	—	—	—	—	—
西藏	—	—	—	—	—	—	—	—	—	—
宁夏	—	—	—	—	—	3	3	0	—	—
西部合计	437	547	638	673	769	841	873	981	1 053	1 080

资料来源：《中国能源统计年鉴 2016》

根据《中国能源统计年鉴 2016》，2015 年西部 12 个省区市天然气消费总量为 645 亿立方米，其中，四川、新疆、重庆和陕西 4 个省区市的天然气消费总量之和为 488 亿立方米，占西部天然气消费总量的 75.7%。2006~2015 年西部各省区市天然气消费情况，如表 2-11 所示。

表 2-11　2006~2015 年西部各省区市天然气消费情况

单位：亿立方米

省区市	2006 年	2007 年	2008 年	2009 年	2010 年	2011 年	2012 年	2013 年	2014 年	2015 年
四川	106	112	109	127	175	156	153	148	165	171
新疆	65	70	70	68	80	95	102	127	170	146
重庆	40	44	49	49	57	62	71	72	82	88
陕西	28	41	52	50	59	62	66	70	74	83
青海	23	14	23	25	24	32	40	42	41	44
内蒙古	14	27	31	44	45	41	38	44	45	39
甘肃	12	13	12	12	14	16	20	23	25	26
宁夏	8	9	11	12	15	19	20	20	18	21

续表

省区市	2006 年	2007 年	2008 年	2009 年	2010 年	2011 年	2012 年	2013 年	2014 年	2015 年
贵州	5	5	5	4	4	5	5	8	11	13
广西	1	1	1	1	2	3	3	5	8	8
云南	5	5	5	5	4	4	4	4	5	6
西藏	—	—	—	—	—	—	—	—	—	—
西部合计	307	341	368	397	479	495	522	563	644	645

资料来源:《中国能源统计年鉴 2016》

（二）东部能源生产与消费现状

1. 一次能源生产与消费总量

根据《中国能源统计年鉴 2016》，2015 年东部 19 个省市一次能源生产总量为 165 711 万吨标准煤，其中，山西、山东、黑龙江、河南和安徽五省的一次能源生产总量之和为 123 861 万吨标准煤，占东部一次能源生产总量的 74.7%。2006~2015 年东部各省市一次能源生产情况，如表 2-12 所示。

表 2-12　2006~2015 年东部各省市一次能源生产情况

单位:万吨标准煤

省市	2006 年	2007 年	2008 年	2009 年	2010 年	2011 年	2012 年	2013 年	2014 年	2015 年
山西	48 833	51 647	52 487	47 499	54 187	63 169	64 714	69 025	70 758	75 195
山东	16 534	17 511	16 459	15 625	15 627	15 707	16 587	15 366	15 494	15 266
黑龙江	16 294	16 165	14 602	14 162	13 422	13 399	12 664	12 516	12 027	11 600
河南	17 605	17 702	17 954	19 064	17 296	16 080	12 159	12 868	11 840	11 348
安徽	7 002	8 041	9 342	9 973	9 779	10 220	10 678	10 382	9 789	10 452
河北	8 165	8 669	7 827	7 680	8 583	8 811	9 530	7 074	6 971	7 066
辽宁	8 102	7 848	7 304	6 829	7 108	6 833	6 343	6 095	5 818	5 760
天津	3 419	3 503	3 399	3 784	5 140	4 863	4 632	4 796	4 957	5 688
广东	3 843	3 793	4 147	3 710	3 888	3 767	3 885	4 118	4 387	5 302
湖南	6 200	6 684	5 506	5 850	6 405	6 668	7 142	6 035	4 964	3 554
吉林	3 764	4 124	4 638	4 732	5 217	5 321	6 060	3 875	3 863	3 552
湖北	2 275	2 075	2 907	2 592	2 718	2 294	2 495	2 532	2 779	2 615
福建	2 190	2 289	2 357	2 285	2 430	2 279	2 064	1 908	2 045	2 310
江苏	2 911	2 608	2 494	2 222	2 049	2 049	2 042	2 086	2 233	2 183
江西	2 469	2 688	2 749	2 747	2 277	2 443	2 224	2 387	2 332	2 019
浙江	534	518	545	549	630	576	679	683	750	1 044
北京	549	562	462	497	374	371	358	486	539	601
海南	68	70	71	75	73	75	72	110	106	108
上海	125	120	99	86	71	56	50	54	46	48
东部合计	150 882	156 617	155 349	149 961	157 274	164 981	164 378	162 396	161 698	165 711

资料来源:《中国能源统计年鉴 2016》

根据《中国能源统计年鉴 2016》，2015 年东部 19 个省市一次能源消费总量为 325 073 万吨标准煤，其中，山东、江苏、广东、河北、河南和辽宁六省的一次能源消费总量之和为 172 548 万吨标准煤，占东部一次能源消费总量的 53.1%。2006~2015 年东部各省市一次能源消费情况，如表 2-13 所示。

表 2-13　2006~2015 年东部各省市一次能源消费情况

单位：万吨标准煤

省市	2006 年	2007 年	2008 年	2009 年	2010 年	2011 年	2012 年	2013 年	2014 年	2015 年
山东	26 759	29 177	30 570	32 420	34 808	37 132	38 899	35 358	36 511	37 945
江苏	19 041	20 948	22 232	23 709	25 774	27 589	28 850	29 205	29 863	30 235
广东	19 971	22 217	23 476	24 654	26 908	28 480	29 144	28 480	29 593	30 145
河北	21 794	23 585	24 322	25 419	27 531	29 498	30 250	29 664	29 320	29 395
河南	16 232	17 838	18 976	19 751	21 438	23 062	23 647	21 909	22 890	23 161
辽宁	14 987	16 544	17 801	19 112	20 947	22 712	23 526	21 721	21 803	21 667
浙江	13 219	14 524	15 107	15 567	16 865	17 827	18 076	18 640	18 826	19 610
山西	14 098	15 601	15 675	15 576	16 808	18 315	19 336	19 761	19 863	19 384
湖北	11 049	12 143	12 845	13 708	15 138	16 579	17 675	15 703	16 320	16 404
湖南	10 581	11 629	12 355	13 331	14 880	16 161	16 744	14 919	15 317	15 469
安徽	7 069	7 739	8 325	8 896	9 707	10 570	11 358	11 696	12 011	12 332
福建	6 828	7 587	8 254	8 916	9 809	10 653	11 185	11 190	12 110	12 180
黑龙江	8 731	9 377	9 979	10 467	11 234	12 119	12 758	11 853	11 955	12 126
上海	8 876	9 670	10 207	10 367	11 201	11 270	11 362	11 346	11 085	11 387
江西	4 660	5 053	5 383	5 813	6 355	6 928	7 233	7 583	8 055	8 440
天津	4 500	4 943	5 364	5 874	6 818	7 598	8 208	7 882	8 145	8 260
吉林	5 908	6 557	7 221	7 698	8 297	9 103	9 443	8 645	8 560	8 142
北京	5 904	6 285	6 327	6 570	6 954	6 995	7 178	6 724	6 831	6 853
海南	920	1 057	1 135	1 233	1 359	1 601	1 688	1 720	1 820	1 938
东部合计	221 127	242 474	255 554	269 081	292 831	314 192	326 560	313 999	320 878	325 073

资料来源：《中国能源统计年鉴 2016》

2. 煤炭生产与消费总量

根据《中国能源统计年鉴 2016》，2015 年东部 19 个省市原煤生产总量为 169 924 万吨，其中，山西、山东、河南和安徽四省的原煤生产总量之和为 137 900 万吨，占东部原煤生产总量的 81.2%。2006~2015 年东部各省市原煤生产情况，如表 2-14 所示。

表 2-14　2006~2015 年东部各省市原煤生产情况　　　单位：万吨

省市	2006 年	2007 年	2008 年	2009 年	2010 年	2011 年	2012 年	2013 年	2014 年	2015 年
山西	58 142	60 321	65 577	61 535	74 096	87 228	91 333	92 167	92 794	96 680
山东	14 059	14 737	14 701	14 378	15 654	16 114	17 668	14 962	14 684	14 220
河南	19 532	19 287	20 937	23 038	22 384	20 957	15 879	16 042	14 416	13 596
安徽	8 331	9 370	11 650	12 894	13 346	14 080	15 049	13 885	12 804	13 404
河北	8 366	8 663	8 145	8 495	10 199	10 585	11 772	7 739	7 345	7 437
黑龙江	10 282	10 065	9 676	9 736	9 707	9 820	9 129	7 988	7 059	6 551
辽宁	6 908	6 516	6 495	6 624	7 525	7 121	6 598	5 658	5 001	4 752
湖南	6 901	7 279	6 135	6 880	7 903	8 414	9 032	7 229	5 554	3 559
吉林	2 989	3 354	3 940	4 495	5 239	5 393	6 336	3 060	3 100	2 634
江西	2 783	2 997	3 152	3 414	2 912	3 237	2 950	2 986	2 814	2 271
江苏	3 048	2 480	2 428	2 215	2 091	2 100	2 104	2 011	2 019	1 919
福建	2 015	2 136	2 244	2 466	2 525	2 620	2 051	1 681	1 589	1 591
湖北	1 230	610	1 205	1 083	1 292	953	887	1 096	1 057	860
北京	642	649	578	641	500	500	493	500	457	450
天津	0	0	0	0	0	0	0	0	0	0
上海	0	0	0	0	0	0	0	0	0	0
浙江	13	12	13	13	15	15	15	9	0	0
广东	0	0	0	0	0	0	0	0	0	0
海南	0	0	0	0	0	0	0	0	0	0
东部合计	145 241	148 476	156 876	157 907	175 388	189 137	191 296	177 013	170 693	169 924

资料来源：《中国能源统计年鉴 2016》

根据《中国能源统计年鉴 2016》，2015 年东部 19 个省市煤炭消费总量为 294 342 万吨，其中，山东、山西、河北、江苏和河南五省的煤炭消费总量之和为 157 914 万吨，占东部煤炭消费总量的 53.6%。2006~2015 年东部各省市煤炭消费情况，如表 2-15 所示。

表 2-15　2006~2015 年东部各省市煤炭消费情况　　　单位：万吨

省市	2006 年	2007 年	2008 年	2009 年	2010 年	2011 年	2012 年	2013 年	2014 年	2015 年
山东	29 838	32 719	34 390	34 795	37 328	38 921	40 233	37 683	39 562	40 927
山西	28 605	29 645	28 373	27 762	29 865	33 479	34 551	36 637	37 587	37 115
河北	21 360	24 681	24 419	26 516	27 465	30 792	31 359	3 166	29 636	28 943
江苏	18 692	20 237	20 737	21 003	23 100	27 364	27 762	27 946	26 913	27 209
河南	20 999	23 180	23 868	24 445	26 050	28 374	25 240	25 058	24 250	23 720
辽宁	13 837	14 712	15 347	16 033	16 908	18 054	18 219	18 133	18 002	17 336
广东	10 948	12 430	13 298	13 647	15 984	18 439	17 634	17 107	17 014	16 587

续表

省市	2006 年	2007 年	2008 年	2009 年	2010 年	2011 年	2012 年	2013 年	2014 年	2015 年
安徽	8 793	9 766	11 377	12 666	13 376	14 123	14 704	15 665	15 787	15 671
浙江	11 334	13 024	13 041	13 276	13 950	14 776	14 374	14 161	13 824	13 826
黑龙江	9 030	9 857	11 204	11 050	12 219	13 200	13 965	13 267	13 596	13 433
湖北	9 910	10 792	10 196	11 100	13 470	15 805	15 799	12 167	11 888	11 766
湖南	9 401	10 277	10 169	10 751	11 323	13 006	12 084	11 224	10 900	11 142
吉林	6 937	7 312	8 367	8 589	9 583	11 035	11 083	10 414	10 379	9 805
江西	4 592	5 171	5 267	5 356	6 246	6 988	6 802	7 255	7 477	7 698
福建	5 342	6 117	6 596	7 109	7 026	8 714	8 485	8 079	8 198	7 660
上海	5 142	5 223	5 464	5 305	5 876	6 142	5 703	5 681	4 896	4 728
天津	3 809	3 927	3 973	4 120	4 807	5 262	5 298	5 279	5 027	4 539
北京	3 056	2 985	2 748	2 665	2 635	2 366	2 270	2 019	1 737	1 165
海南	332	426	472	537	647	815	931	1 009	1 018	1 072
东部合计	221 957	242 481	249 306	256 725	277 858	307 655	306 496	271 950	297 691	294 342

资料来源：《中国能源统计年鉴 2016》

3. 石油生产与消费总量

根据《中国能源统计年鉴 2016》，2015 年东部 19 个省市原油生产总量为 14 511 万吨，其中，黑龙江、天津、山东、广东和辽宁五省市的原油生产总量之和为 12 554 万吨，占东部原油生产总量的 86.5%。2006~2015 年东部各省市原油生产情况，如表 2-16 所示。

表 2-16　2006~2015 年东部各省市原油生产情况　　　单位：万吨

省市	2006 年	2007 年	2008 年	2009 年	2010 年	2011 年	2012 年	2013 年	2014 年	2015 年
黑龙江	4 341	4 170	4 020	4 001	4 005	4 006	4 002	4 001	4 000	3 839
天津	1 943	1 924	1 994	2 297	3 333	3 188	3 098	3 045	3 075	3 497
山东	2 755	2 793	2 830	2 828	2 786	2 713	2 775	2 726	2 713	2 608
广东	1 338	1 261	1 388	1 345	1 287	1 153	1 209	1 292	1 245	1 573
辽宁	1 226	1 207	1 199	1 000	950	1 000	1 000	1 001	1 022	1 037
吉林	680	624	698	640	702	739	810	704	664	666
河北	611	660	643	599	599	586	584	591	592	580
河南	492	485	476	475	498	486	477	477	470	412
江苏	188	196	184	184	186	189	195	201	206	191
湖北	80	86	84	81	87	79	79	80	79	71
海南	11	11	12	18	20	20	19	26	29	30
上海	21	21	15	9	8	8	5	8	6	7
北京	0	0	0	0	0	0	0	0	0	0
山西	0	0	0	0	0	0	0	0	0	0

续表

省市	2006 年	2007 年	2008 年	2009 年	2010 年	2011 年	2012 年	2013 年	2014 年	2015 年
浙江	0	0	0	0	0	0	0	0	0	0
安徽	0	0	0	0	0	0	0	0	0	0
福建	0	0	0	0	0	0	0	0	0	0
江西	0	0	0	0	0	0	0	0	0	0
湖南	0	0	0	0	0	0	0	0	0	0
东部合计	13 686	13 438	13 543	13 477	14 461	14 167	14 253	14 152	14 101	14 511

资料来源:《中国能源统计年鉴 2016》

注:天津为大港油田(430 万吨)、中海石油天津(3 000 万吨)等产量数据

根据《中国能源统计年鉴 2016》,2015 年东部 19 个省市石油消费总量为 43 728 万吨,其中,广东、辽宁、山东、上海、江苏、浙江和湖北七省市的石油消费总量之和为 26 200 万吨,占东部石油消费总量的 59.9%。2006~2015 年东部各省市石油消费情况,如表 2-17 所示。

表 2-17　2006~2015 年东部各省市石油消费情况　　　　单位:万吨

省市	2006 年	2007 年	2008 年	2009 年	2010 年	2011 年	2012 年	2013 年	2014 年	2015 年
广东	5 224	5 355	5 351	5 277	5 563	5 462	5 481	5 178	5 320	5 619
辽宁	2 452	2 452	2 617	2 766	3 816	4 403	4 993	4 074	4 084	4 470
山东	3 433	3 681	3 608	4 129	4 691	5 034	5 179	3 901	3 648	4 042
上海	2 695	2 867	2 921	2 990	3 297	3 146	3 260	3 396	3 292	3 460
江苏	2 250	2 354	2 408	2 640	2 570	2 573	2 935	2 814	3 048	3 088
浙江	1 933	1 977	2 067	2 312	2 518	2 708	2 751	2 814	2 781	2 970
湖北	1 388	1 648	1 754	1 914	1 760	1 852	1 988	2 268	2 505	2 551
福建	973	1 094	1 059	1 104	1 575	1 649	1 699	1 809	2 262	2 112
河南	870	927	974	1 017	1 336	1 525	1 693	1 951	1 978	2 101
黑龙江	1 433	1 578	1 390	1 744	1 892	2 128	2 252	1 848	2 000	2 032
湖南	910	1 017	932	1 042	1 146	1 235	1 303	1 520	1 560	1 734
天津	733	768	867	931	1 283	1 515	1 619	1 542	1 615	1 732
河北	1 162	1 133	1 136	1 097	1 424	1 582	1 620	1 489	1 423	1 632
北京	1 173	1 322	1 371	1 413	1 449	1 536	1 535	1 481	1 538	1 584
安徽	531	565	577	607	639	695	992	1 177	1 311	1 405
江西	545	544	555	543	714	727	780	919	941	1 018
吉林	1 009	1 177	832	845	994	1 079	1 002	1 020	1 014	950
山西	411	436	756	827	754	759	773	783	747	775
海南	226	258	308	362	393	402	410	387	419	453
东部合计	29 351	31 153	31 483	33 560	37 814	40 010	42 265	40 371	41 486	43 728

资料来源:《中国能源统计年鉴 2016》

4. 天然气生产与消费总量

根据《中国能源统计年鉴 2016》，2015 年东部 19 个省市天然气生产总量为 265 亿立方米，其中，广东、山西、黑龙江、天津和吉林五省市的天然气生产总量之和为 217 亿立方米，占东部天然气生产总量的 81.9%。2006~2015 年东部各省市天然气生产情况，如表 2-18 所示。

表 2-18　2006~2015 年东部各省市天然气生产情况

单位：亿立方米

省市	2006 年	2007 年	2008 年	2009 年	2010 年	2011 年	2012 年	2013 年	2014 年	2015 年
广东	49	52	61	58	78	83	84	75	84	97
山西	6	0	5	0	0	0	0	25	32	43
黑龙江	25	26	27	30	30	31	34	35	35	36
天津	11	13	14	14	17	18	19	19	21	21
吉林	2	5	9	12	14	15	22	24	22	20
北京	0	0	0	0	0	0	0	8	13	17
河北	7	7	9	11	13	12	13	16	18	10
辽宁	12	9	8	8	8	7	7	8	8	7
山东	9	8	9	9	5	5	6	5	5	5
河南	19	16	11	30	7	5	5	5	5	4
上海	6	5	4	4	3	3	3	2	2	2
海南	2	2	2	2	2	2	2	2	2	2
湖北	1	1	1	2	2	2	2	3	1	1
江苏	1	1	1	1	1	1	1	1	1	0
江西	0	0	0	0	0	0	0	0	0	0
浙江	0	0	0	0	0	0	0	0	0	0
安徽	0	0	0	0	0	0	0	0	0	0
福建	0	0	0	0	0	0	0	0	0	0
湖南	0	0	3	0	0	0	0	0	0	0
东部合计	150	145	165	181	180	184	198	228	249	265

资料来源：《中国能源统计年鉴 2016》

根据《中国能源统计年鉴 2016》，2015 年东部 19 个省市天然气消费总量为 1 300 亿立方米，其中，江苏、北京、广东、山东、浙江、河南、上海和河北八省市的天然气消费总量之和为 848 亿立方米，占东部天然气消费总量的 65.2%。2006~2015 年东部各省市天然气消费情况，如表 2-19 所示。

表 2-19　2006~2015 年东部各省市天然气消费情况

单位：亿立方米

省市	2006 年	2007 年	2008 年	2009 年	2010 年	2011 年	2012 年	2013 年	2014 年	2015 年
江苏	31	45	63	63	72	94	113	124	128	165
北京	41	47	61	69	75	74	92	99	114	147
广东	14	46	54	113	96	114	116	124	134	145
山东	23	22	35	40	48	53	67	69	75	82
浙江	12	18	18	19	33	44	48	57	78	80
河南	31	33	38	42	47	55	74	80	77	79
上海	23	28	30	34	45	55	64	73	72	77
河北	3	12	17	23	30	35	45	50	56	73
山西	6	7	7	14	29	32	37	45	50	65
天津	11	14	17	18	23	26	33	38	45	64
辽宁	13	14	16	16	19	39	64	79	84	55
海南	24	23	27	25	30	49	47	46	46	46
福建	1	0	2	8	29	38	37	49	50	45
湖北	7	10	16	17	20	25	29	32	40	40
黑龙江	25	31	31	30	30	31	34	35	35	36
安徽	2	4	7	10	13	20	25	28	34	35
湖南	4	8	8	10	12	15	19	20	24	27
吉林	6	10	14	17	22	19	23	24	23	21
江西	1	1	3	3	5	6	10	13	15	18
东部合计	278	373	464	571	678	824	977	1 085	1 180	1 300

资料来源：《中国能源统计年鉴 2016》

四、西部能源供应与东部能源消费需求分析

（一）西部与东部一次能源供应与消费平衡

根据《中国能源统计年鉴 2016》，2015 年西部一次能源生产总量为 195 764 万吨标准煤，一次能源消费总量为 122 244 万吨标准煤，经过平衡分析，西部一次能源生产可供东部能源消费的总量为 73 520 万吨标准煤，占东部能源消费缺口的比例为 46%。2006~2015 年东西部一次能源生产与消费情况，如表 2-20 所示。

表 2-20　2006~2015 年东西部一次能源生产与消费情况

区域	分类	2006 年	2007 年	2008 年	2009 年	2010 年	2011 年	2012 年	2013 年	2014 年	2015 年
西部	生产/万吨标准煤	93 883	107 555	122 069	136 132	154 851	175 193	186 665	196 388	200 167	195 764
	消费/万吨标准煤	69 410	76 500	82 149	88 157	96 680	108 113	116 656	113 491	119 067	122 244
	可供/万吨标准煤	24 473	31 055	39 920	47 975	58 171	67 080	70 009	82 897	81 100	73 520
东部	生产/万吨标准煤	150 882	156 617	155 349	149 961	157 274	164 981	164 378	162 396	161 698	165 711
	消费/万吨标准煤	221 127	242 474	255 554	269 081	292 831	314 192	326 560	313 999	320 878	325 073
	缺口/万吨标准煤	70 245	85 857	100 205	119 120	135 557	149 211	162 182	151 603	159 180	159 362
西部供应占东部缺口比例		35%	36%	40%	40%	43%	45%	43%	55%	51%	46%

注：西部可供指西部生产减去西部消费，东部缺口指东部消费减去生产，下同

（二）西部与东部煤炭供应与消费平衡

根据《中国能源统计年鉴 2016》，2015 年西部原煤生产总量为 204 728 万吨，煤炭消费总量为 131 134 万吨，经过平衡分析，西部原煤生产可供东部煤炭消费的总量为 73 594 万吨，占东部煤炭消费缺口的比例为 59%。2006~2015 年东西部煤炭生产与消费情况，如表 2-21 所示。

表 2-21　2006~2015 年东西部煤炭生产与消费情况

区域	分类	2006 年	2007 年	2008 年	2009 年	2010 年	2011 年	2012 年	2013 年	2014 年	2015 年
西部	生产/万吨	90 560	100 713	123 902	146 620	178 566	206 172	224 704	220 430	216 697	204 728
	消费/万吨	77 143	78 647	85 502	94 458	103 556	120 930	129 958	131 770	134 049	131 134
	可供/万吨	13 417	22 066	38 400	52 162	75 010	85 242	94 746	88 660	82 648	73 594
东部	生产/万吨	145 241	148 476	156 876	157 907	175 388	189 137	191 296	177 013	170 693	169 924
	消费/万吨	221 957	242 481	249 306	256 725	277 858	307 655	306 496	271 950	297 691	294 342
	缺口/万吨	76 716	94 005	92 430	98 818	102 470	118 518	115 200	94 937	126 998	124 418
西部供应占东部缺口比例		17%	23%	42%	53%	73%	72%	82%	93%	65%	59%

（三）西部与东部石油供应与消费平衡

根据《中国能源统计年鉴 2016》，2015 年西部原油生产总量为 6 947 万吨，石油消费总量为 10 764 万吨，经过平衡分析，西部石油消费缺口为 3 817 万吨，需要从外部进口，东部石油消费也需从外部进口。2006~2015 年东西部石油生产与消费情况，如表 2-22 所示。

表 2-22　2006~2015 年东西部石油生产与消费情况

区域	分类	2006 年	2007 年	2008 年	2009 年	2010 年	2011 年	2012 年	2013 年	2014 年	2015 年
西部	生产/万吨	4 790	5 195	5 500	5 472	5 840	6 121	6 496	6 840	7 041	6 947
	消费/万吨	6 494	6 542	7 609	7 713	8 323	9 544	10 024	10 586	11 085	10 764
	可供/万吨	-1 704	-1 347	-2 109	-2 241	-2 483	-3 423	-3 528	-3 746	-4 044	-3 817
东部	生产/万吨	13 686	13 438	13 543	13 477	14 461	14 167	14 253	14 152	14 101	14 511
	消费/万吨	29 351	31 153	31 483	33 560	37 814	40 010	42 265	40 371	41 486	43 728
	缺口/万吨	15 665	17 715	17 940	20 083	23 353	25 843	28 012	26 219	27 385	29 217
西部供应占东部缺口比例		-11%	-8%	-12%	-11%	-11%	-13%	-13%	-14%	-15%	-13%

（四）西部与东部天然气供应与消费平衡

根据《中国能源统计年鉴 2016》，2015 年西部天然气生产总量为 1 080 亿立方米，天然气消费总量为 645 亿立方米，经过平衡分析，西部天然气生产可供东部天然气消费的总量为 435 亿立方米，占东部天然气消费缺口的比例为 42%。2006~2015 年东西部天然气生产与消费情况，如表 2-23 所示。

表 2-23　2006~2015 年东西部天然气生产与消费情况

区域	分类	2006 年	2007 年	2008 年	2009 年	2010 年	2011 年	2012 年	2013 年	2014 年	2015 年
西部	生产/亿立方米	437	547	638	673	769	841	873	981	1 053	1 080
	消费/亿立方米	307	341	368	397	479	495	522	563	644	645
	可供/亿立方米	130	206	270	276	290	346	351	418	409	435
东部	生产/亿立方米	150	145	165	181	180	184	198	228	249	265
	消费/亿立方米	278	373	464	571	678	824	977	1 085	1 180	1 300
	缺口/亿立方米	128	228	299	390	498	640	779	857	931	1 035
西部供应占东部缺口比例		102%	90%	90%	71%	58%	54%	45%	49%	44%	42%

五、西部能源供应与东部能源消费需求分析

通过对我国能源供需现状及发展趋势的研究，结合我国能源生产与消费的分布及时空演变，利用 LEAP 模型分地区对我国能源供需进行预测分析，预计 2020 年我国西部一次能源生产总量为 22.6 亿吨标准煤，能源消费总量为 13.7 亿吨标准煤；东部一次能源生产总量为 15.4 亿吨标准煤，能源消费总量为 34.3 亿吨标准煤；西部可向东部供应的能源总量为 8.9 亿吨标准煤，结合西部进口量，预计 2020 年通过西部流向东部的能源总量为 9.7 亿吨标准煤。

2035 年我国西部一次能源生产总量为 29.3 亿吨标准煤，能源消费总量为 20.1

亿吨标准煤；东部一次能源生产总量为 14.3 亿吨标准煤，能源消费总量为 36.5 亿吨标准煤；西部可向东部供应的能源总量为 9.2 亿吨标准煤，结合西部进口量，预计 2035 年通过西部流向东部的能源总量为 10.3 亿吨标准煤。

2050 年我国西部一次能源生产总量为 30.7 亿吨标准煤，能源消费总量为 22.5 亿吨标准煤；东部一次能源生产总量为 13.3 亿吨标准煤，能源消费总量为 34.5 亿吨标准煤；随着高耗能产业西移，西部能源消费增加，西部可向东部供应的能源总量减至 8.2 亿吨标准煤，结合西部进口量，预计 2050 年通过西部流向东部的能源总量为 12.0 亿吨标准煤。

2020～2050 年我国东西部能源生产消费情况及流向，如图 2-24 所示。

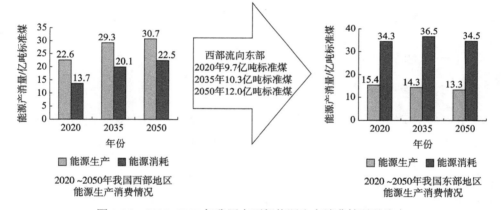

图 2-24　2020~2050 年我国东西部能源生产消费情况及流向

资料来源：《中国能源统计年鉴 2016》

第三章　中国西部能源大通道构建战略及关键技术需求

一、中国西部能源大通道建设现状

（一）油气通道

1. 进口油气通道

2006 年中国第一条陆上进口管道——中哈原油管道建成,拉开了西部陆上油气进口通道建设的序幕。截至 2015 年底,西部陆上油气进口通道已经建成中哈原油管道、中亚 A/B 线、中亚 C 线和中缅油气管道,具备 4 300 万吨/年原油和 550 亿米³/年天然气的进口能力。2015 年西部能源通道实际进口原油 1 181 万吨,占全国原油进口总量的 4%;进口天然气 293 亿立方米,占全国天然气进口总量的 48%。

中哈原油管道由中国和哈萨克斯坦两国合资建设,管道西起滨里海的阿特劳(哈萨克斯坦),止于中国和哈萨克斯坦边境的阿拉山口口岸,于 2004 年开工建设,2006 年完成一期工程,规模为 1 200 万吨/年,目前正在实施二期增输工程,规模可达 2 000 万吨/年;中哈原油管道与国内西北的阿—独—乌—鄯—兰原油管网衔接,向西北和西南地区炼厂供应原油。

中亚 A/B 线和 C 线天然气管道均西起土库曼斯坦和乌兹别克斯坦边境的阿姆河右岸地区,止于中国和哈萨克斯坦边境的霍尔果斯口岸,其中,中亚 A/B 线于 2010 年投产,生产能力为 300 亿米³/年,与国内的西气东输二线衔接;中亚 C 线于 2014 年建成投产,生产能力为 250 亿米³/年,与国内在建的西气东输三线衔接。

中缅原油管道起自缅甸马德岛,自南向北穿越缅甸全境,经云南省瑞丽入境,一期工程止于云南省禄丰并向云南石化供油,规模为 1 300 万吨/年,2017 年与云南石化同步投产;二期工程可择机实施,规模可达 2 300 万吨/年。中缅原油管道的油源为中东原油,该通道可避开马六甲海峡,一定程度上缓解了对马六甲海峡的依赖,降低了海上进口原油的风险,同时,也是中东原油通向中国西南市场的捷径。

中缅天然气管道起自缅甸皎漂,基本与原油管道并行,经瑞丽入境,在云南省禄丰与原油管道分开，经贵阳，止于广西壮族自治区的贵港市，规模为 120 亿米³/年，已于 2013 年投产。该管道在国内通过中贵线、西二线南宁支干线与国内天然气骨干管网衔接。中缅天然气管道气源主要为缅甸若开海域天然气资源。

另外，中国在广西还建设了钦州原油码头和北海 LNG 接收站。西部战略通道实践了中国从周边油气资源丰富地区引进能源的战略布局，打开了油气进口多元化的局面，也为中远期的油气贸易奠定了基础。依托"一带一路"倡议，西部能源通道具备连接中东、中亚、俄罗斯等资源地的巨大潜力。

2. 国内配套管道

截至 2015 年底，中国已初步构建了"横跨东西、纵贯南北、连通海外"的油气供应保障格局，总运营里程 11 万千米，其中，原油管道 2.1 万千米，成品油管道 2.1 万千米，天然气管道 6.8 万千米，油气管网已初具规模。其中，天然气管道形成了以西气东输系统、陕京系统、涩宁兰系统、川气东送系统等为骨干的输气管道框架，在川渝、华北及长三角地区已形成了比较完善的区域性管网；原油管道形成了东北、西北—西南、华东—华中—中南输油管网系统；成品油管道形成了西北—西南—华中、西南、珠三角地区骨干管道输油系统。

中哈原油管道进口资源由阿拉山口—乌鲁木齐—鄯善—兰州—成都原油管网输送并向沿线炼厂配置，在西部地区实现加工，富余成品油资源通过兰州—郑州—长沙和兰州—成都—重庆管道输往西南、华中等市场；中亚 A/B 线和 C 线天然气资源由国内的西气东输二线和三线承接，在宁夏中卫实现向陕京系统和中贵线的分输，剩余部分输往长三角和珠三角地区；中缅原油管道已于 2017 年 6 月投产，进口资源由中缅原油管道（国内段）输往云南石化进行加工，成品油资源供应周边云贵地区；中缅天然气管道进口资源在贵阳与中贵线衔接，在贵港与西气东输二线南宁支干线衔接，实现国内天然气骨干管道的互通和灵活调配。

整体来看，国内油气管网承接西部进口资源，并实现了国内的灵活调配。其中，天然气资源主要从西部地区向东部发达地区输送；原油全部在西部地区就地加工；成品油资源满足西部消费后剩余部分输往东部地区。

西部油气通道向东部逐年输送量，如表 3-1 所示。

表 3-1　西部油气通道向东部逐年输送量

类型	2011 年	2012 年	2013 年	2014 年	2015 年
天然气/亿立方米	530	618	710	820	900
原油/万吨	0	0	0	0	0
成品油/万吨	277	270	256	524	409

（二）铁路运输通道

1. 跨国运煤铁路通道

自 2009 年由煤炭净出口国转变成为净进口国以来，我国煤炭进口量呈现快速增长趋势，在 2013 年达到最高点 3.27 亿吨。

2013 年下半年以来，我国煤炭市场进入下行通道，煤价深度下跌。经历几轮煤价下调后，内、外贸煤之间的价差缩小，进口煤利润空间收窄甚至倒挂，对煤炭进口量产生了较大影响。2015 年，我国国内煤炭需求继续低迷，内贸煤炭价格持续下跌，与进口煤炭之间的价差继续缩小，这对进口煤炭造成了较大冲击。

2015 年，我国煤炭进口的五大来源国按进口量排名分别为印度尼西亚（7 376万吨）、澳大利亚（7 091 万吨）、朝鲜（1 958 万吨）、俄罗斯（1 580 万吨）和蒙古（1 439 万吨）。我国其他煤炭进口来源国还有加拿大、南非、美国等[①]。

目前我国绝大部分内陆进口煤炭来自蒙古。蒙古矿产资源丰富，煤是其最丰富的矿产资源之一，其中，以无烟煤和焦煤为主，且煤质优良，适宜大规模露天开采。2015 年，蒙古向我国出口煤炭 1 438.9 万吨，占我国进口煤炭总量的比重由2014 年的 6.6%提高到 7.1%。呼和浩特海关是蒙古煤炭的主要进口海关，2015 年进口煤炭总量达 1 402.9 万吨[①]。

虽然目前二连、策克两个对蒙口岸均有铁路连通国内铁路干线网，但由于蒙古煤炭产区铁路和口岸铁路建设滞后等，我国内陆进口煤炭运输仍主要通过公路方式完成。

2. 国内运煤铁路通道

从既有铁路煤炭运输流量流向看，除本省自供外，西部地区煤炭以外运为主的省区包括内蒙古、陕西、宁夏、贵州和新疆。内蒙古西部煤炭主要供应华北地区、东北地区、甘肃，陕西煤炭主要运往中南、华东、华北、川渝地区，宁夏煤炭主要运往甘肃、川渝地区、两湖地区，贵州煤炭主要供应西南地区及两广地区，新疆煤炭主要供应甘肃。另外，甘肃煤炭虽以调入为主，但调出量也比较大，调入煤炭主要来自宁夏、新疆，调出煤炭主要运往陕西、河南、四川、安徽等省。西部其他煤炭调入省区的煤炭来源也基本是西部省区。

上述西部地区的煤炭运输主要通过以下铁路完成：

（1）神东基地、陕北基地煤运铁路由大准—大秦铁路、京包铁路、集包—集张铁路、集通铁路、神黄铁路、包西铁路、甘钟铁路和神大铁路等货运铁路组成，货运能力接近 10 亿吨/年。

---

① 资料来源：2015 年我国煤炭进口五大来源国. 生意社，www.100ppi.com，2016-02-25.

（2）黄陇基地煤运铁路由黄韩侯—侯西铁路、宝中铁路、西平铁路、陇海铁路、宁西铁路、西康—襄渝铁路等货运铁路组成，货运能力接近 5 亿吨/年。

（3）宁东基地煤运铁路由太中银铁路、包兰铁路、宝成铁路组成，货运能力接近 1 亿吨/年。

（4）云贵基地煤运铁路由成渝—渝黔铁路、黔桂铁路、南昆铁路、沪昆铁路、成昆铁路组成，货运能力约 1.5 亿吨/年。

（5）新疆基地煤运铁路由兰新铁路、临哈铁路组成，货运能力约 0.9 亿吨/年。

全国铁路煤炭运输总体呈现"西煤东运，北煤南运"的格局。与之相对应，我国主要铁路煤炭运输通道大致呈现东西、南北两类走向。

国家铁路干线区段煤炭运输密度较大（大于 5 000 万吨/年）的铁路运输通道，如表 3-2 所示。

表 3-2　国家铁路主要煤炭运输通道

区域	通道构成	煤炭运输密度/（万吨/千米）	备注
西部—东部	京包线—丰沙线—京沪线	10 914	内蒙古西部煤炭外运通道，主要供给华北、华东地区
	北同蒲线—大秦线（新后秦线）	43 802	"三西"煤炭海铁联运通道，主要供给东部沿海地区
山西	南同蒲线（太焦线）—侯月线—新焦线—焦柳线	7 427	晋煤外运通道，主要供给华中地区
	新焦线—新石线—京广线（京九线、京沪线）	10 502	晋煤外运通道，主要供给华中、华东地区
	石太线—石德线—京沪线—济南线—胶济线	8 549	晋煤外运通道，主要供给华北、华东地区
东北	通霍线—大郑线—高新线—沈山线—沈大线	8 650	内蒙古东部煤炭外运通道，主要供给东北地区
	滨洲线	5 798	内蒙古东部煤炭外运通道，主要供给黑龙江
东部	大张线—淮南线	5 321	安徽煤炭运输通道，主要供给安徽、江苏

注：煤炭运输密度采用 2014 年通道内密度最大区段数据
资料来源：国家铁路运输统计数据

总体来看，我国西北地区煤炭输出的主要目的地是环渤海地区、华中地区和西南地区。其中，发往环渤海地区的煤炭除供给华北地区本地消费之外，主要通过海铁联运的方式发往长三角地区和东南沿海地区，供给东部沿海地区城市和临港工业区消费。

2015 年，研究区域国家铁路由西北地区发往西南地区 0.13 亿吨煤炭，其具体分布如表 3-3 所示（西南发往西北煤炭仅 1 万吨，从略）。

表 3-3　2015 年研究区域西北、西南间国家铁路煤炭交流量　单位：万吨

| 发送 | | 到达 | | | | |
| | | 西南 | | | | |
		重庆	四川	贵州	云南	西藏
西北	新疆	7	22	0	3	0
	青海	2	10	1	1	35
	甘肃	42	164	17	8	1
	宁夏	20	35	1	1	1
	陕西	465	293	161	33	0
	内蒙古西部	0	1	0	0	0

　　从过去十年西部—东部煤炭运输量的变化趋势来看，煤炭运输量经历了快速增长到稳定再到大幅下降的发展过程，这与这一时期铁路总体运量的变化趋势基本一致。

　　随着经济环境的变化和环保压力的加大，煤炭、钢铁等产业出现产能过剩，传统能源产业连续出现负增长，2013 年开始，铁路煤炭运量连续下降，大秦等煤运专线铁路运量受到较大影响。

　　2006~2015 年铁路西部—东部煤炭运输量，如图 3-1 所示。

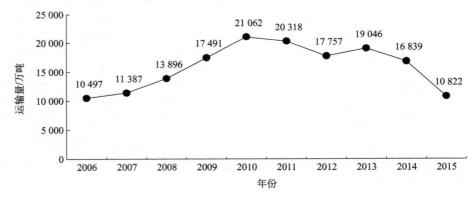

图 3-1　2006~2015 年铁路西部—东部煤炭运输量

资料来源：国家铁路运输统计数据

3. 国内石油运输铁路通道

　　国家铁路干线区段石油运输密度较大（大于 500 万吨/年）的铁路运输通道，如表 3-4 所示。

表 3-4　国家铁路主要石油运输通道

区域	通道构成	石油运输密度 /（万吨/千米）	备注
西部—东部	南疆线—兰新线—干武线—包兰线	767	新疆原油外运通道，主要供给新疆、甘肃、宁夏、陕西及以远地区
	包西线—西康线—襄渝线	606	陕西原油外运通道，主要供给华中、西南地区
北部湾	河茂线—黎湛线—湘桂线	525	北部湾港口群上水原油后方通道，主要供给广西
东部	新石线—新焦线—焦柳线	602	日照港上水原油后方通道，主要供给华中地区
东北	沈山线—津山线	501	辽宁原油外运通道，主要供给河北

注：石油运输密度采用 2014 年通道内密度最大区段数据

资料来源：国家铁路运输统计数据

总体来看，我国铁路石油运输主要是作为原油输油管道网的必要补充，起到部分油田原油外运通道和沿海原油上水港口后方通道的作用。南疆线—兰新线—干武线—包兰线作为新疆原油外运通道，年发送量远小于其货运能力。

（三）电力通道

1. 进出口电力通道

西部电力跨国通道的规划和建设还处在初期阶段，目前已建成的跨国电网工程主要从云南出发，向次湄公河的缅甸、老挝、越南、泰国等国家发展，实现了跨国电网互联。

越南方面，2004 年，云南河口至越南老街联网 110 千伏工程顺利投产，其供电范围为越南老街、莱州两省，这拉开了云南电网对越南送电的序幕。此后，又有千伏猫猫跳—河江线、千伏新桥—老街线及千伏马鹿塘—河江线投入运行，对越送电形成了四个通道共五回线路，向越南北部的老街、莱州、河江等地送电，最大送电能力近万千瓦。2006 年，云南电网公司实现了 220 千伏国际联网。2012年 11 月，由云南电网公司和越南北方电力总公司共同投资建设的越南小中河水电站首台机组顺利并网发电，这是中国和越南合作的首个水电投资项目。从边贸形式的 10 千伏小规模向越南送电，发展到如今通过 220 千伏和 110 千伏两个电压等级、五回输电线路与越南电网互联，中国南方电网已累计向越南北部送电 320 亿千瓦时。

缅甸方面，缅甸水能资源丰富，有大量中国公司在缅甸开发水电站。但因缅甸国内市场狭小，中国公司所发电力大部分被回送国内。2008 年，云南电网公司建成了中缅第一条电力联网通道：缅甸瑞丽江一级水电站—中国德宏输电线路，从缅甸进口电力。随着缅甸优势水电资源开发进展不断加快，云南电网从缅甸进口电力的规模不断扩大。除从瑞丽江一级电站购电外，2010 年 8 月缅甸太平江一级水电站正式并入云南电网，这标志着云南电网电力贸易合作从单纯的电力出口逐步发展为电力进出口并重，迈出了区域电力资源优化配置和区域电力市场培育重要的一步。2016 年 1 月 5 日，国家电网公司下属的中国电力技术装备有限公司与缅甸国家电力公司签署缅甸克钦邦与 230 千伏主干网连通工程第二标段总承包合同。工程范围包括新建 2 座 230 千伏变电站及 2 条总长约 290 千米的 230 千伏 2 回输电线路，合同工期为 38 个月。该项目是缅甸"北电南送"工程的重要组成部分，旨在将缅甸北克钦邦太平江水电站的电力输送至缅甸南部负荷中心，以缓解这一地区供电压力。

老挝方面，2000 年，云南电网开始向老挝边境省和口岸进行小规模送电，2007 年与老挝国家电力公司共同启动了中国云南向老挝北部地区供电项目。2009 年底，勐腊—那磨线正式投产送电，供电范围为老挝北部，包括南塔、乌多姆赛、琅勃拉邦、沙耶武里等北部地区。2010 年 6 月，南方电网公司与老挝政府签署了关于投资建设老挝电网的谅解备忘录，进一步深化了两国电网的互联合作。2012 年 11 月，由中国云南电网公司和越南北方电力总公司共同投资建设的小中河水电站首台机组顺利并网发电，这是中国和越南合作的首个水电投资项目。据了解，小中河水电站位于越南老街省沙巴县达万乡境内，装机 2×11 兆瓦，年发电量近 1 亿千瓦时，最高水头达 863 米，是东南亚第一高水头卧式机组电站。此前的中老勐腊—那磨项目则是云南电网公司在大湄公河次区域国家电网建设外经项目中的第一个工程总承包项目，该项目为中国向老挝北部供电提供了高质量的送电通道。目前，中国云南电网公司还与老挝签订了 230 千伏老挝北部电网建设项目的合作协议，中国和老挝电力合作走向深远。

泰国方面，1998 年，中、泰两国政府签订了《关于泰王国从中华人民共和国购电的谅解备忘录》。泰方明确表示，希望到 2017 年从中国云南购买 300 万千瓦的电力。虽然由于电价原因，该谅解备忘录未能按期实现，但是中、泰两国已把从中国购电计划列入两国电力长远发展方案。

柬埔寨方面，2016 年 10 月 13 日，国家主席习近平同柬埔寨首相洪森共同出席了双边合作文件签字仪式。在习近平主席与洪森首相的共同见证下，中国机械工业集团所属中国重型机械有限公司（简称中国重机）与柬埔寨国家电力公司（Electricite Du Cambodge，EDC）签署了柬埔寨国家电网 230 千伏输变电二期项目（东部环网第一部分）EPC 合同。该项目是中国重机与柬埔寨国家电力公司签署的第 8 个输变电 EPC 工程，累计合同金额已达 7.5 亿美元。自 2009 年以来，中国重机以柬埔寨达岱水电站 BOT 项目建设为契机，不断扩展中柬双方合作，深度开发柬埔寨电力市场项目，与柬埔寨国家电力公司一起积极推进柬埔寨农村电网改造工程实施。特别是在国家"一带一路"倡议的引领下，两年内连续签署了多个项目建设合同，如柬埔寨西南环网，农村电网三、四期，农村电网五、六期，柬埔寨国家电网230千伏输变电二期工程，等等。同时，成功实现了达岱水电站BOT项目的建成和投入商业运行，完成了金边环网、农网一期、农网二期工程等多个电力建设项目，在建的金边至巴域输电项目也接近尾声。

2. 国内西部电力外输通道

我国西部电力通道的国内部分主要依托我国"西电东送"战略建设。"西电东送"是指开发贵州、云南、广西、四川、甘肃、内蒙古、山西等省区的电力资源，将其输送至位于我国中部和东部的负荷中心，如广东、江浙沪、京津冀地区等，以缓解我国负荷中心电力紧缺的问题。

"西电东送"规划建成三条送电线路：北线由内蒙古、陕西等省区向华北电网送电，将黄河上中游水电和山西、内蒙古坑口火电站的电能送往京津唐地区；中线由四川、重庆等省市向华中、华东电网输电，将三峡和金沙江干支流水电送往华东地区；南线由云南、贵州、广西等省区向华南电网送电，将贵州乌江、云南澜沧江和广西、云南、贵州交界处的南盘江、北盘江、红水河的水电，以及云南、贵州两省坑口火电厂的电能输送到广东。

1）西北地区电力通道建设

（1）新疆。2015年10月底，新疆750千伏电网主网架完成建设。主电网东西跨度达2 200千米，南北跨度达3 300千米，供电范围几乎覆盖全疆，形成了五彩湾—乌北—凤凰—亚中—达坂城—吐鲁番—哈密、凤凰—乌苏—伊犁、吐鲁番—巴州的750千伏骨干网架。"疆电外送"，即将新疆的水电、火电、风电及光电"打捆"外送，充分发挥了新疆作为国家综合能源基地的作用，同时保障了我国的能源安全，进一步促进了新疆经济的可持续发展。2014年，"疆电外送"共175亿千瓦时；截至2015年9月，"疆电外送"224亿千瓦时，同比增长80.66%。

（2）青海。近年来，青海省相继建成柴达木、共和两个百万级大规模集中并网的光伏发电基地，光伏电站总装机容量稳居全国第二。现已形成光伏（含光热）装机容量564万千瓦、风电47万千瓦。2015年，全省太阳能发电量达75.54亿千瓦时，风力发电量达6.87亿千瓦时，新能源占全省发电总量的近20%。

（3）甘肃。甘肃电网与相邻省区间形成甘新4回、甘陕4回、甘青6回、甘宁2回的750千伏网架格局，750千伏武威、酒泉主变扩建工程，750千伏兰州—天水—宝鸡输电工程，330千伏敦煌月牙泉、民勤红沙岗输变电工程陆续建成，进一步提高了甘肃省能源优化配置能力和电力外送能力，将使甘肃电网电力枢纽和能源通道作用得到充分发挥。

（4）宁夏。已建设宁东—浙江±800千伏特高压直流输电工程、宁夏沙湖750千伏输变电工程，贺兰山—黄河2回750千伏线路工程，黄河、贺兰山及黄贺2回等750千伏项目工程，等等。此外，国网宁夏电力公司配合国家电网公司西北分部完成太阳山—六盘山—平凉750千伏输变电工程前期工作。

（5）陕西。2015年，特高压建设融入国家"一带一路"倡议中，全面推进特高压送电大通道建设，2016年7月18日，榆横—潍坊1000千伏特高压交流输变电工程在横山县塔湾镇成功进行首场张力放线作业，这标志着"陕电外送"首个特高压工程进入全面提速建设的新阶段。

（6）内蒙古。计划"十三五"期间建成4条特高压直流和7条特高压交流外送通道，这11条特高压通道是国家电网公司为落实国家"一带一路"倡议而规划的，计划到2020年全部建成，外送电力将达到1亿千瓦。与此同时，国家电网公司规划国际互联工程中的俄罗斯—河北、蒙古—天津电网工程将穿越内蒙古地区。

2）西南地区电力通道建设

（1）重庆。川渝电网500千伏第三通道工程于2016年10月31日开工建设，这是"十三五"期间四川省建设的首条电力外送通道。工程投运后将新增川电外送能力200万千瓦，预计每年帮助外送消纳水电70亿千瓦时。2014年开展雅安—重庆1000千伏特高压交流通道建设。

（2）四川。建成向家坝—上海、锦屏—苏南、溪洛渡—浙西等3回特高压直流输电线路，德阳—宝鸡超高压直流线路，以及四川至重庆4回交流线路，形成了"四直四交"的外送格局，跨区跨省电力交换能力达到2850万千瓦，是"十一五"时期的2.16倍，在全国省级电网中排名第一。

（3）贵州。在"十二五"期间，加快建设500千伏独山至桂南电力外送新通道建设，加快建设毕节—大兴北部通道，形成贵州北部外环网，加强贵州东部和北部电网联系，建设兴仁—独山南部通道，建设"七交两直"的电力外送主通道。

（4）云南。已形成"四条直流四条交流"（±800千伏云广，±800千伏糯扎渡，±500千伏溪洛渡2回直流；500千伏罗平至马窝，罗平至广西百色2回，砚山至广西大新交流）电力外送主通道，最大送电规模达1850万千瓦，送电总规模占南方电网西电东送的50%以上。

（5）西藏。"十二五"期间，西藏建成一大批骨干电站，新增装机132万千瓦，总装机为2010年的2.4倍；西藏电网实现与全国联网，投资162亿元和66亿元，提前建成青藏、川藏联网工程，藏中、昌都电网联入全国电网，结束了西藏电网孤网运行的历史；主电网供电范围不断扩大，全面建成藏中电网220千伏骨干网架，电网电压等级实现了由110千伏到220千伏的升级。富余电力通过青藏联网工程外送青海，首次实现"藏电外送"，最大外送电力达30万千瓦。

（6）广西。"十三五"期间，投资28亿元建设北海电网，规划建成北海第一座 500 千伏变电站，新增变电容量 150 万千伏安；新（扩）建 220 千伏紫荆、盐田等变电站 6 座，新增变电容量 102 万千伏安；新（扩）建 110 千伏竹林、茶亭等变电站 16 座，新增变电容量 65 万千伏安，有效解决了北海局部供电能力不足和安全隐患问题。预计到"十三五"期末，北海电网 110 千伏及以上变电站将达到 36 座，基本形成以 500 千伏变电站为中心，地方骨干电源为支撑的双回链式、环状结构网架，供电能力、供电可靠性和智能化水平进一步提升。

二、中国西部能源大通道建设存在的主要问题

结合已建及未来境外油气资源引进需求和运输通道的情况，从供应战略安全角度考虑，已建西部能源大通道存在如下问题。

（1）中国西部能源大通道在国家层面缺乏系统的统筹规划，油气、电力、煤炭运输等行业各自为政进行能源通道规划，行业间缺乏衔接协调，这造成了一定的投资浪费，对生态环境也造成了一定的影响；同时，一些已建通道由于输送负荷率较低、运行成本高，经济效益不佳。

（2）原油进口能力比重偏低，2015 年中国原油进口合计约 3.3 亿吨，西部能源通道能力为 5 300 万吨，占比为 16%，2015 年实际进口量约 2 200 万吨（哈油+钦州港海上原油）。从地缘安全角度来看，主要是中缅原油管道过境国缅甸局势复杂对管道安全运营产生了一定的影响，需在稳妥发展中缅管道进口量的前提下尽量扩大新疆地区的原油进口通道。

（3）铁路运输通道利用率不均、效率低、运费高，随着经济环境的变化和环保压力的加大，煤炭产能过剩，连续出现负增长。2012 年，铁路煤炭运量开始连续三年下降，大秦等煤运专线铁路运量受到较大影响。但是个别煤运通道（如南昆铁路、宝成铁路、成昆铁路等）存在能力紧张状况，需要采取相应措施。此外，铁路与煤矿间衔接不畅，致使运输环节成本增加、效率低下，推高了运输费用。

（4）西部电力通道建设经济性评价难度大，"西电东送"新能源电力与受端电源存在市场竞争，动态管控线路的难度加大，输电线路精益化管理有待提升。

三、中国西部能源大通道经济性分析

1. 原油输送通道

西北通道的原油主要是新疆自产原油和中亚—俄罗斯进口原油。未来如果西北地区炼厂加工国内外原油有剩余，通过西部通道输送到西南或中西部两个地区将是可选方向。因此，可以选择这两个地区作为目标市场进行经济性分析，并分

别选择四川、呼和浩特、大连等炼厂作为目标炼厂具体分析经济性运输临界点。目标市场油源方向比较表，如表3-5所示。

表3-5 目标市场油源方向比较表

区域	省区市	油源比较
中西部地区	晋蒙陕宁	1）东北方向中俄原油管道来油； 2）西北方向中亚—俄罗斯油
西南地区	川渝云贵藏	1）西南方向中缅管道来油； 2）西北方向中亚—俄罗斯油

经济性比较计算公式：

原油边境离岸价=陆上原油到厂价（P）−运杂费

在计算中需要说明以下几点：海上来油以离岸港口为交货点，管道来油以边境为交货点，价格参考近年的实际价差水平，海运费以2014~2016年平均价测算，不考虑不同油品品质差和价格贴水，如果没有已建管道则以新建管道计算。

东北通道与西北通道经济均衡点：计算东北和西北方向来油的运杂费，比较东北通道来俄油和西北通道来中亚—俄罗斯原油经济性相当的国内炼制地点的运杂费。经计算，以呼和浩特炼厂为基准，东北通道比西北通道约低1美元/桶的运杂费，所以，在边境到岸油价相同的条件下，东北通道和西北通道的经济性临界点为呼和浩特炼厂往西约450千米处。

由于两个通道边境到岸价格对比存在波动性，以2017年3月数据为例计算，两个通道的经济性临界点将东移至大连炼厂，所以，考虑油价差异和经济性，东北通道来俄油最远可输送到大连炼厂炼制。

西北通道与西南通道经济均衡点：计算西北和西南方向来油的运杂费，比较西北通道来哈油和西南通道来中缅管道中东油经济性相当的国内炼制地点。经计算，以四川石化为基准，西北通道比西南通道约低0.9美元/桶的运杂费，在阿拉山口油价与中东原油油价相同的条件下，西北通道和西南通道的经济性临界点为四川石化炼厂往南约418千米处。

如果通过中缅管道进口的中东原油离岸价格基本与国际油价水平相当，没有较大贴水，而西北通道阿拉山口原油价格贴水保持现有水平，那么西北通道和西南通道的经济性临界点约为云南石化炼厂，西南通道中缅原油最远只能运至云南石化。

2. 天然气输送通道

对于中国天然气进口西部通道经济性分析，选择六个地区作为目标市场，分别为东北地区、环渤海地区、长三角地区、东南沿海地区、中南地区、西南地区，将中亚或中俄西线天然气通过管道运输与其他通道来气进行经济性对比。其中，西北地区进口气只可能采用西北通道，因此不做对比分析，具体见表 3-6。

表 3-6　不同目标市场地区气源来向比较表

区域	省区市	选取目标市场地区	气源
东北地区	黑、吉、辽	沈阳	1）东北方向中俄东线来气； 2）海上大连 LNG 来气
环渤海地区	京、津、冀、鲁	北京	1）东北方向中俄东线来气； 2）海上唐山 LNG 来气； 3）西北方向中亚气源
长三角地区	苏、浙、沪	上海	1）东北方向中俄东线来气； 2）海上江苏、上海 LNG 来气； 3）西北方向中亚气源
东南沿海地区	粤、闽、桂、琼、澳、港	广州	1）西南方向中缅管道来气； 2）海上深圳 LNG 等来气； 3）西北方向中亚气源； 4）东北方向中俄东线气
中南地区	豫、鄂、湘、皖、赣	长沙	1）西北方向中亚气源； 2）海上深圳 LNG 来气
西南地区	川、渝、云、贵、藏	昆明	1）西南方向中缅管道来气； 2）广西钦州 LNG 来气

进口天然气通过国内天然气管网配置到市场，管输费参考现有管输费水平。出于保密需要，具体价格不在本书体现。本书均采用目前价格水平测算，假设未来同通道边境价格水平基本一致，如果未来新签订购气合同价格水平有较大变动，那么将影响经济性分析结果。

以下对各主要进口天然气通道进行价格水平分析和对比。

1）四大主要进口天然气通道

中亚管道来气：中亚天然气进口经过中亚管道输送至中国，其中，中亚 A/B 线、C 线，自土库曼斯坦和乌兹别克斯坦边境经乌兹别克斯坦、哈萨克斯坦输送至霍尔果斯，再进入西气东输二、三、四线，输送至国内市场。中亚 D 线，自土库曼斯坦经乌兹别克斯坦、塔吉克斯坦、吉尔吉斯斯坦至中国境内乌恰，再进入西气东输五线，输往国内市场。

中俄东线管道来气：中俄东线项目是俄罗斯东部天然气自黑龙江黑河进入中国，经中俄东线天然气管道最终输送至上海。

中缅管道来气：中缅管道起自缅甸西部皎漂地区兰里岛，从云南瑞丽入境，经昆明、贵阳到南宁，目前主要覆盖西南市场。

LNG 进口天然气：由于 LNG 现货产品价格受世界经济、短期供求矛盾、地缘发展不平衡、气候变化和替代能源等不可控事件影响较大，较难长期预测，在此不作比较。本书采用 LNG 长贸合同价格进行比较，中国进口 LNG 平均价格采用收集到的中国石油、中国石化、中国海油三家公司长期进口 LNG 项目的价格公式计算取平均值。

2）比较分析结论

比较各进口通道中国边境完税价，油价 50 美元以上时中亚气、俄气、缅气均比进口 LNG 更具竞争力；低油价下时，长贸 LNG 价格与管道气的价差逐步缩小，但仍比中亚、中俄管道天然气价高。

3）目标市场各气源价格竞争力比较

在 80 美元/桶油价水平和现有气价合同下，中亚气在西北、中西部、中南更有竞争力；中俄东气在环渤海和长三角、东南市场更有竞争力；中缅气在西南市场更有竞争力；管道气价格均优于目前进口 LNG 价格。

3. 煤炭输送通道

根据中国铁路经济规划研究院的分析，中国西北地区煤炭输出的主要目的地是环渤海地区、华中地区和西南地区。其中，发往环渤海地区的煤炭除供给华北地区本地消费之外，主要通过海铁联运的方式发往长三角地区和东南沿海地区，供给东部沿海地区城市和临港工业区消费。

1）铁路煤运通道与"铁海江"煤炭运输的比较

以内蒙古西部地区煤炭发往武汉为例，采用铁路煤运通道方式，由内蒙古西部至华中地区铁路煤运通道经襄阳枢纽衔接汉丹线可实现直达运输；采用"铁海江"联运方式，需经铁路神朔线、北同蒲线、大秦线至秦皇岛港下水，由海轮运送至长江口，经江轮转运至武汉。虽然煤炭水运费率较低，但"铁海江"方式仍需经铁路长距离运输，且途中经历多次换装作业，综合运输成本较高，运输时间较长。

2）陕西煤炭外运铁路运输通道与铁海联运的比较

选取陕西省与中南、华东地区间的铁路煤运通道作为典型案例，对西部—东部铁路能源通道与海铁联运的竞争力进行比较分析。

根据相关研究测算，可得基于运费最省的煤炭外运路径因煤炭基地的不同而有所不同。对于神东基地和陕北基地的煤炭外运来说，经由神朔线的海铁联运通道运费更低；对于黄陇基地来说，经由宁西线的铁路运输通道运费更低。即在不考虑能力限制等因素只考虑运费最省的条件下，陕西省煤炭外运最优通道为：

（1）神东基地（陕北基地）—神朔线—朔黄线—黄骅港下水海运至长三角地区；

（2）黄陇基地—包西线—宁西线。

与内蒙古西部相比，内蒙古东部地区煤炭运至下水港口的铁路运输径路较短，但受煤炭种类因素的影响，应用范围受到限制，消费市场主要辐射范围为山东、江苏两省沿海地区。内蒙古西部地区煤炭运至下水港口的铁路运输径路相对较长，消费市场主要辐射范围为长江三角洲、珠江三角洲、福建省等东部地区。

3）海上进口煤炭对铁路海铁联运的影响

目前我国海上进口煤炭主要来自印度尼西亚、澳大利亚、俄罗斯、朝鲜、加拿大、美国等国家，其中，印度尼西亚和澳大利亚的煤炭占据主要份额，印度尼西亚煤炭主要从北部湾、珠三角港口上水，澳大利亚煤炭主要从北部湾和我国东部多个沿海港口上水。

受运距因素影响，与海上进口煤炭相比，我国北方煤炭主产区以海铁联运方式运往华南地区沿海港口的煤炭并无明显价格优势。例如，澳大利亚 5 500 大卡动力煤华南地区港口到岸价为（巴拿马型船）504 元/吨（含税），较国内煤华南地区港口到岸价低 26 元/吨（2015 年 11 月市场行情数据）。

与我国港口煤炭离岸价格相比，澳大利亚等煤炭出口大国的港口煤炭离岸价格明显较低，但叠加国际运费、进口关税等费用后，进口煤炭到岸价格与内贸煤炭价格并无明显差距。考虑国家政策调控、国内煤价变化、人民币汇率波动等多方面因素的影响，预计未来海上进口煤炭难以对国内海铁联运煤炭造成冲击。特别是我国华东地区沿海港口上水煤炭仍将以"三西"地区海铁联运煤炭为主。

4. 总结

根据以上分析，未来我国西部地区煤炭输出以新疆、内蒙古西部和陕西为主，而煤炭输出的主要目的地是环渤海地区、华中地区和西南地区。煤炭经济输送目的地和运输方式表，如表 3-7 所示。

表 3-7 煤炭经济输送目的地和运输方式表

资源地	运输方式	经济输送目的地范围
新疆	铁路外运	甘肃省、川渝地区
内蒙古西部	铁路外运	河北省、湖北省、湖南省和江西省
	铁路运输到达渤海湾港口下水	长三角地区、福建省
陕西	铁路外运	河北省、山东省、河南省、湖北省、川渝地区
	铁路运输到达渤海湾港口下水	长三角地区、福建省

5. 电力输送通道经济性比较

1）水电外送经济性比较

本节以西部水电为例，分析西部水电外送不同区域电网的竞争能力，以新疆、宁夏、甘肃、山西为例，分析在不同输送功率条件下，交直流输送方式送往各区域电网的单位输电成本，可以看出西部送电的成本优势。

西部水电送电华东电网竞争能力，如表 3-8 所示；西部水电送电华中电网竞争能力，如表 3-9 所示；西部水电送电南方电网竞争能力，如表 3-10 所示。

表 3-8　西部水电送电华东电网竞争能力

河流及电站名称		回路数	送电方式	送电容量/兆瓦	落地电价/（元/千瓦时）	边际电源电价/（元/千瓦时）	落地电价与替代电源电价差/（元/千瓦时）
金沙江界河	乌东德	1	直送华东	5 100	0.438	0.70	−0.262
	白鹤滩	2	直送华东	16 000	0.398		−0.302
雅砻江下游		1	直送华东	7 200	0.312		−0.388

表 3-9　西部水电送电华中电网竞争能力

河流及电站名称		回路数	送电方式	送电容量/兆瓦	落地电价/（元/千瓦时）	边际电源电价/（元/千瓦时）	落地电价与替代电源电价差/（元/千瓦时）
金沙江界河	乌东德	1	直送华中	5 100	0.419	0.70	−0.281
	白鹤滩	2	直送华中	16 000	0.385		−0.315
金沙江上游		1	接续四川送华中	5 000	0.503		−0.197
		1	直送华中	8 445	0.478		−0.222
雅砻江中游		1	直送华中	10 000	0.422		−0.278
澜沧江上游西藏段		1	直送华中	8 000	0.559		−0.141

表 3-10　西部水电送电南方电网竞争能力

河流及电站名称		回路数	送电方式	送电容量/兆瓦	落地电价/（元/千瓦时）	边际电源电价/（元/千瓦时）	落地电价与替代电源电价差/（元/千瓦时）
金沙江界河	乌东德	1	接续云南送广东	5 100	0.415	0.70	−0.285
澜沧江上游云南段		1	直送广东	5 000	0.457		−0.243
怒江中下游		1	直送广东	6 000	0.395		−0.305

综上所述，不同地区水电送至华中、华东等电网，西部清洁能源落地电价低于边际电源电价，送电竞争力大于边际电源。

2）煤电外送方式经济性对比

从新疆、宁夏、甘肃、陕西等煤炭资源丰富地区向东部地区输送煤电，输电距离对交流输电成本有明显的影响。

采用直流输电方式输送新疆的煤电具有较好的成本优势。输电距离对交流输电成本有明显影响，新疆煤电终端电价低的政策红利无法弥补其高交流输电的成本。

直流输电经济最优的输送功率出现在 12 000 兆伏安，直流电压等级为 ±1 100 千伏，与在建的准东—华东特高压直流工程、准东—成都特高压直流工程参数一致。

3）输煤与输电方式经济性对比

能源输送的经济性比较，主要是对比分析受端（落地）电价及终端电价的差异。输电方式主要考虑在煤炭产区建设坑口电厂通过输电线路送至电负荷中心，计算其落地电价；输煤方式主要考虑通过多种运输方式组合将煤炭运输到负荷中心，在负荷中心建电厂，计算其终端电价。

比较方式一：

通过比较输煤终端电价和输电落地电价来分析输煤输电的经济性，如果输电方式的落地电价较低，则输电经济；反之，则输煤经济。以下测算在不同输送容量、不同输送距离情况下，终端电价与落地电价的差异。若煤电新增外送容量为 320 万千瓦，按照 ±500 千伏高压直流单回输电方式考虑；若煤电新增外送容量为 570 万千瓦，按照 ±800 千伏特高压直流输电方式考虑，计算结果见表 3-11。

表 3-11　输煤输电方式比较

输送容量/万千瓦	输送距离/千米	输送方式	受端（落地）电价/（元/兆瓦时）
320	715	输煤	377.08
		±500 千伏高压直流	357.89
570	715	输煤	377.08
		±800 千伏特高压直流	366.63
320	1 105	输煤	393.77
		±500 千伏高压直流	372.95
570	1 105	输煤	393.77
		±800 千伏特高压直流	379.43
320	1 235	输煤	399.29
		±500 千伏高压直流	378.61
570	1 235	输煤	399.29
		±800 千伏特高压直流	383.71

由上可知，在设定边界条件下：①采用输电方式比输煤方式更为经济；②随着输电距离的增加，±800 千伏直流输电的低损耗优势相对于 ±500 千伏直流输电将逐渐体现，在超过 1 500 千米的远距离输电时，±800 千伏直流输电将更为经济。

比较方式二：

在输煤和输电的经济性比较中，输煤方式，是指将煤炭从煤炭基地运至负荷中心电厂发电；输电方式，是指在煤炭基地建立坑口电厂发电，通过输电线路将电能输送至负荷中心。因此，也可以分别对通过两种输能方式在负荷中心获得单位电能的总成本进行比较，并以此判定输煤输电的经济性。

本部分分别建立单位电能发电成本函数、单位电能输电成本函数和单位电能输煤成本函数，然后通过比较两种输能方式在负荷中心获得单位电能的总成本，再通过完整的输煤输电经济性分析模型进行比较，综合考虑单位电能发电成本、单位电能输电成本、年电能损耗成本、年运行维护费、负荷中心电网年受电量、单位电能输煤成本等指标。

首先，两种输能方式在负荷中心获得单位电能的总成本为在负荷中心获得单位电能的成本与单位电能的发电成本之和，即单位电能总成本，这是输煤输电经济性比较的依据。本章简略了具体分析过程，经华北电力大学分析可得，3 种输电方式的特点决定了不同的距离范围内，3 种输电方式的输电成本高低关系不同，即经济性不同。这是因为虽然交流输电方式的变电站投资远低于直流输电方式的换流站投资；但是输送相同功率时，交流输电单位长度线路造价比直流输电高，且交流输电最大允许输送功率随输电距离的增加而减小，故达到一定输电距离时交流输电成本将高于直流输电成本。由于交流 1 000 千伏电压等级高、自然功率大、线损率低，与交流 500 千伏相比，交流 1 000 千伏电压更适合远距离输电。输电距离超过 610 千米时，交流 1 000 千伏的输电成本低于交流 500 千伏的输电成本；输电距离超过 910 千米时，±800 千伏直流的输电成本低于 500 千伏交流的输电成本；输电距离超过 1 050 千米时，±800 千伏直流的输电成本低于 1 000 千伏交流的输电成本。交流输电的输送容量随着输电距离的增加而减少，安装串补可以降低输电成本；直流输电线路造价较低但换流站造价较高，输电距离越长，其经济性越明显。

其次，输煤和输电的输能方式的特点决定了不同距离范围内 3 种输电方式与输煤的经济性相对关系也不同。距离较短时，输电方式（采用空冷机组）的单位电能发电成本比输煤方式高，输电方式经济性差。随着距离的增加，由于输电方式不需要再增加变电工程投资，输电成本的变化率将低于输煤成本的变化率，输电成本将逐渐低于输煤成本，这使输电方式的单位电能总成本逐渐低于输煤方式。距离继续增加时，交流输电的输送功率将大大减小，这导致交流输电成本迅速增加，输电方式的单位电能总成本逐渐大于输煤方式的单位电能总成本；而直流输电可以恒定功率输送，距离增加仅增大了线路损耗率，对输电成本及单位电能总成本影响较小。因此，输能距离在 510~1 200 千米时，交流 500 千伏单位电能总成本低于输煤方式；输能距离在 610~2 400 千米时，交流 1 000 千伏单位电能总成本低于输煤方式；当输能距离超过 870 千米时，直流 ±800 千伏单位电能总成本低于输煤方式。

4）清洁能源与燃煤发电成本经济性对比

目前，风电成本为 0.40~0.45 元/千瓦时，光伏发电成本为 0.70~0.80 元/千瓦时，水电发电成本为 0.35~0.45 元/千瓦时，燃煤发电成本为 0.40~0.50 元/千瓦时，输电成本为 0.10~0.15 元/千瓦时。2025 年前，新能源的经济性和竞争力有望超过化石能源。中国风电、光伏发电和燃煤发电度电成本预测，如表 3-12 及图 3-2 所示。

表 3-12　中国风电、光伏发电和燃煤发电度电成本预测　　单位：元/千瓦时

度电成本	2015 年	2020 年	2035 年	2050 年
风电	0.45	0.40	0.35	0.35
光伏发电	0.85	0.70	0.55	0.45
燃煤发电	0.45	0.50	0.50	0.53

资料来源：国家发改委能源研究所

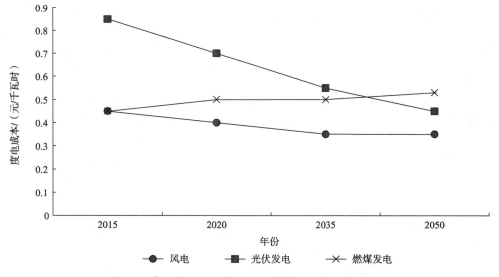

图 3-2　中国风电、光伏发电和燃煤发电度电成本预测

以新疆哈密为例，该地标杆上网电价为 0.25 元/千瓦时，外送到河南 2 000 千米左右的输电成本在 0.10~0.15 元/千瓦时。以向上线（四川向家坝至上海南汇）和锦苏线（四川锦屏至江苏苏南）±800 千伏特高压直流示范工程输电价格为例，向上线输电价格为每千瓦时 0.10 元；锦苏线特高压直流线路输电价格为每千瓦时 0.085 6 元，送出工程输电价格为每千瓦时 0.014 4 元。

输电电压与输送容量、输送距离的范围，如表 3-13 所示。

表 3-13　输电电压与输送容量、输送距离的范围

额定电压/千伏	输送容量/兆瓦	输送距离/千米
110	10~50	50~150
220	100~500	100~300
330	200~800	200~600
500	1 000~1 500	150~850
800	2 000~2 500	500 以上

根据国家发展和改革委员会发布的《国家发展改革委关于调整光伏发电陆上风电标杆上网电价的通知》，2017 年 1 月 1 日之后，一类至三类资源区新建光伏电站的标杆上网电价分别调整为每千瓦时 0.65 元、0.75 元、0.85 元。四川一家大型水电站内部人士表示，该公司是按 0.32 元的水平和国网统一结算的，国家电网加上中间的输电费用送到华东的落地电价是 0.45 元左右。

综上所述，由于"西电东送"项目的送端地区生产成本、输电成本低，而消纳方经济发达，电价承受能力强，且当地火电上网电价高，落地电价有优势。

输电距离超过 610 千米时，交流 1 000 千伏的输电成本低于交流 500 千伏的输电成本；输电距离超过 910 千米时，直流 ±800 千伏的输电成本低于交流 500 千伏的输电成本；输电距离超过 1 050 千米时，直流 ±800 千伏的输电成本低于交流 1 000 千伏的输电成本。

西北煤电在华北、华中、华东（简称"三华"）地区更具竞争力；西北可再生发电在华北、华东地区更具竞争力；西南水电在华东、南方地区更具竞争力。

四、中国西部能源大通道构建战略

（一）指导思想

以党中央统筹推进"五位一体"总体布局和协调推进"四个全面"战略布局为统领，本着"创新、协调、绿色、开放、共享"发展理念，遵循"四个革命、一个合作"的能源发展战略思想，综合"一带一路"能源资源特征、中国能源资源禀赋和东西部能源供需发展趋势，以能源供给侧结构性改革为主线，以提高能源利用质量和效益为中心，以能源互联网和大数据为手段，着力构建"多能互补、多元融合、清洁低碳、智能高效"的新型能源运输体系，形成"国内外互补、东西部互惠、各资源互联、各能源互融"的能源供需格局，实现中国能源安全清洁高效利用。

（二）基本原则

坚持国内外资源互补，开放发展：坚持立足国内的能源战略，增强国内能源

保障能力和供应质量，牢牢掌握能源安全主动权。统筹国际国内两个大局，充分利用两个市场、两种资源，以"一带一路"建设为统领，遵循国内外资源互补、多元合作、互利共赢原则，稳步开展国际能源贸易，稳妥推进国际产能合作，增强全球能源资源配置能力，助推中国"一带一路"能源合作战略和西部大开发战略的实施。

坚持东西部互利互惠，共享发展：中国能源资源总体分布规律是西多东少，能源资源和消费中心呈逆向分布。西部能源大通道建设一方面可以促进东西部互动、东部优势产业向西部转移，实现东西部共赢发展；另一方面有利于中国西部地区将资源优势转化为经济优势，培育新的经济增长点并拓宽经济发展空间，促进能源大通道沿线基础设施的进一步互联互通；同时也有助于东部地区提升产业层次，使经济发展迈上新台阶。

坚持各资源清洁利用，绿色发展：以生态文明理念引领西部能源大通道建设，将生态环境约束转变为各类能源绿色持续发展的推动力，从能源开发、转化、运输、利用等环节着手，强化全产业链统筹衔接，加强引导和监管，促进能源清洁高效利用，推动高碳能源低碳发展，最大限度减轻能源资源在开发利用过程中对生态环境造成的影响，实现能源与生态环境绿色和谐发展，持续优化中国能源结构、改善大气环境，推动"能源生产和消费革命"战略目标的实现。

坚持各资源高效利用，协调发展：根据中国能源发展战略和东西部未来能源供需形势，西部能源大通道可以有效加强能源生产端和消费端的联动关系，促进多种能源实现供需的协调匹配；在通道建设过程中，一方面要综合考虑能源资源的开发利用、运输网络，以及能量传输网络之间的相互协调，促进能源互联网多能协同集中优化目标的实现；另一方面要加强能源供需间的实时联动，把生产与用能紧密结合在一起，促进供需的平衡优化，实现各种能源的高效利用和协调发展。

坚持各资源互联互通，创新发展：能源互联网最重要的理念就是实现多能互补，不仅包含煤、电、油、气等多种形式能源的相互协调配合，也包含风电、光伏发电、水电、煤电等同一能源的形式。西部能源大通道建设，有助于在西部大规模集中式的能源外送基地中，实现煤炭、电力、石油和天然气等多种能源的互联互通和优化配置，创新"互联网+能源"发展模式。

（三）战略目标

在能源生产和消费革命形势下，根据中国能源"三步走"发展战略（第一步是 2020 年前，为能源结构优化期；第二步是 2021~2035 年，为能源领域变革期；第三步是 2036~2050 年，为能源革命定型期）、东西部未来能源供需形势和西部能源通道现状和规划，综合考虑未来"一带一路"能源贸易和中国西部能源生产实际，理清不同能源品种优化输送和同类能源的不同输送方式，结合本项目相关课题研究成果和通道经济性分析结果，确定未来建设"以气、电通道为主，煤、油通道为辅"的中国西部能源大通道。同时，以"能源互联网"为手段，统筹利用国内外两种资源，通过西部能源大通道建设，构建铁路、电网和管道联运的综合运输体系，实现中国能源资源的优化配置、高效利用和永续发展。

（四）战略部署

根据上述战略目标，各能源通道具体实施部署如下。

1. 油气通道

1）进口通道

西部能源大通道在西北地区主要涉及中亚、俄罗斯乃至西亚的伊朗，这些国家油气资源非常丰富，经济发展对能源依赖度较高，需要稳定的油气出口市场，扩大与中国互惠互利的合作。中国与中亚、俄罗斯具备较好的合作基础，所以，中亚、俄罗斯是近期最为理想的能源引进目标。近期以中哈原油管道和中亚天然气管道为基础，围绕中亚和俄罗斯油气资源，借助"一带一路"倡议，继续深化与中亚各国及俄罗斯的油气合作，积极引进中亚及俄罗斯地区的油气资源；远期择机扩展与西亚国家的油气资源合作，努力强化该通道，最终实现西亚地区资源的引进。

西部能源大通道在西南地区的陆上通道主要涉及中东海运至缅甸的原油资源和缅甸若开地区的天然气资源。借助"一带一路"倡议机遇，可考虑加强缅甸地区的管道管理，考虑到缅甸的政治局势，建议保持稳妥发展策略。

（1）原油。2020 年：中国经济进入新常态，油气需求增长放缓，结合国内原油成品油供需态势，2020 年前西部大通道不再新增进口原油通道工程。

2021~2035 年：重点围绕哈萨克斯坦原油资源，在中哈原油管道的基础上，将里海周边国家原油资源引入国内，根据中哈原油管道资源条件，或考虑借中俄能源合作时机从俄罗斯引进部分原油作为补充，使中哈原油管道达到满负荷运行，进口规模可达 2 000 万吨/年；以中东油作为资源基础，使中缅管道达到满负荷运行，进口规模可达 2 300 万吨/年，并将云南石化加工能力增至 2 300 万吨/年。

2036~2050 年：重点转向伊朗、伊拉克等西亚地区，加强合作，争取从西亚引进原油资源，可考虑经土库曼斯坦、乌兹别克斯坦、塔吉克斯坦、吉尔吉斯斯坦线路（西亚西线）或者巴基斯坦线路（西亚东线）方案，通道规模 2 000 万吨/年，西亚原油从新疆入境，可择机在南疆建设石化产业基地并就地加工，届时中国西北油气战略通道原油引进总量将达到 4 000 万吨/年；关注缅甸国内政治局势，结合中国西南地区成品油市场需求，保持中缅原油管道的平稳运行。

（2）天然气。2020 年：中国经济进入新常态，油气需求增长放缓，结合国内天然气供需态势，2020 年前西部大通道不再新增进口天然气通道工程。

2021~2035 年：加强与中亚、俄罗斯等国家上游能源的合作，以引进中亚天然气为主要目标，建设中亚 D 线管道，规模为 300 亿米³/年，引进资源主要输往中部、沿海地区，同时建设中俄西线管道，规模为 300 亿米³/年，届时中亚 A/B线、C 线、D 线和俄气西线的总规模将达到 1 150 亿米³/年；以中缅油气管道建设促进上游发展，积极寻求孟加拉湾勘探合作。关注缅甸政治局势，保证西南通道的安全运营，对中缅天然气管道适度增输，提高通道规模至 120 亿米³/年。

2036~2050 年：在加大中亚和俄罗斯合作的同时，关注西亚地区形势，可考虑经土库曼斯坦、乌兹别克斯坦、塔吉克斯坦、吉尔吉斯斯坦线路（西亚西线）或者巴基斯坦线路（西亚东线）引进西亚天然气，规模 300 亿米³/年，届时总规模将达到 1 450 亿米³/年；深化孟加拉湾及其周边的资源勘探开发，为通道后备资源做准备，结合国内西南和东南沿海需求，适时进行增输，将通道规模扩大到 170亿米³/年。

西部油气进口通道建设规模，如表 3-14 所示。

表 3-14　西部油气进口通道建设规模

进口能力	2020 年	2021~2035 年	2036~2050 年
原油 /（万吨/年）	合计：4 300 中哈管道：2 000 中缅油管道：1 300 钦州港：1 000	合计：5 300 中哈管道：2 000 中缅油管道：2 300 钦州港：1 000	合计：7 300 中哈管道：2 000 中缅油管道：2 300 钦州港：1 000 西亚管道：2 000
天然气 /（亿米³/年）	合计：602 中亚 A/B 线：300 中亚 C 线：250 中缅气管道：52	合计：1 270 中亚 A/B 线：300 中亚 C 线：250 中缅气管道：120 中亚 D 线：300 中俄西线：300	合计：1 620 中亚 A/B 线：300 中亚 C 线：250 中缅气管道：170 中亚 D 线：300 中俄西线：300 西亚管道：300

2）国内配套管道

西部地区的资源增量主要集中在新疆地区，其他如长庆、川渝等地区的油气资源主要由现有管道向区域外输送。国内配套管道主要集中在新疆、甘肃地区。

（1）原油管道。2020 年：新疆地区进口能力为 2 000 万吨，实际进口量预计为 1 200 万吨，国产原油约 2 800 万吨，则资源合计 4 000 万吨，新疆地区炼能为3 700 万吨，配置加工量为 3 000 万吨，剩余 1 000 万吨原油向疆外输送，已建西部原油管道能力为 2 000 万吨/年，无须新建原油管道。

2021~2035 年：增加哈油进口量，达到 2 000 万吨/年，出疆规模为 1 570 万吨，利用已建管道即可满足管输要求，无须新建原油管道。

2036~2050 年：哈萨克斯坦进口原油 2 000 万吨，西亚原油管道进口 2 000 万吨，国产原油 3 500 万吨，资源总计 7 500 万吨，新疆现有炼厂规模 3 700 万吨，新建喀什石化厂 2 000 万吨，合计炼化能力 5 700 万吨，配置加工量按照 5 300 万吨考虑，出疆原油达到 2 200 万吨。

（2）成品油管道。2020 年：新疆地区炼能 3 700 万吨，实际加工原油 3 200 万吨，成品油商品量 2 000 万吨，本地消费 1 000 万吨，出疆量为 1 000 万吨，除部分铁路和公路外运外，剩余成品油由已建西部成品油管道外运，能力 1 000 万吨/年，无须新建成品油管道。

2021~2035 年：利用已有炼能加工进口哈油和国产油，成品油商品量 2 200 万吨，除疆内消费外，剩余成品油通过已建成品油管道外输，如管输需求略有不足，可通过增输改造实现，无须新建成品油管道。

2036~2050 年：新疆地区新增喀什石化产业园 2 000 万吨，疆内炼能合计 5 700 万吨，成品油商品量 3 400 万吨，除疆内消费 1 100 万吨外，剩余 2 300 万吨成品油需外输，可对西部成品油管道实现新建更替工作，实现成品油顺利出疆；建设喀什—吐鲁番成品油管道，实现喀什石化工业园成品油向西部成品油管道的注入；另外进行西部区域内的成品油支干线、支线等优化布局。

（3）天然气管道。2020 年：新建天然气管道，实现新疆准东煤制气向珠三角的输送。

2021~2035 年：与中亚 D 线同步，配套建设国内天然气管道，并与西气东输三线和陕京系统互联；同时新建天然气管道，实现伊宁煤制气和塔里木新增天然气产量的外输，另外新建中俄西线工程，进一步引入俄罗斯天然气资源，满足国内日益增长的天然气需求。

2036~2050 年：与西亚天然气管道同步，国内配套建设相应管道，进一步引进国外天然气资源。

2. 铁路运输通道

目前既有西部煤炭铁路通道均有程度不一的能力富余，随着我国纵横南北、横贯东西的高速铁路网的加快完善，既有铁路通道货运能力将得到进一步释放，相关煤炭运输通道能力将进一步提高。根据煤炭运输需求预测未来我国煤炭铁路运输需求将不会有较大增长，规划和新建铁路煤炭专运通道的必要性和可能性较低。因此，从全国范围来看，未来较长一段时间的新的煤炭运输通道将以目前在建的煤运通道铁路和部分规划的区际干线铁路为主。

1）西部能源大通道——铁路煤炭运输新通道构建

　　西部铁路煤炭运输新通道的构建主要是西部地区在建的煤运铁路和规划建设的区际铁路通道，即目前在建的内蒙古西部至华中煤运通道、在建的库尔勒至格尔木铁路和规划的成都至格尔木铁路。

　　内蒙古西部至华中煤运通道，主要承担蒙、陕、甘、宁能源"金三角"地区煤炭运往湘、鄂、赣等华中、华东地区的任务，是新的国家战略煤炭运输通道，是一个衔接多条煤炭集疏线路、点网结合、铁水联运、大能力、高效的煤炭运输系统，是国家综合交通运输系统的重要组成部分。线路北起内蒙古鄂尔多斯境内的浩勒报吉南站，途经内蒙古、陕西、山西、河南、湖北、湖南、江西七省区，终至京九铁路吉安站，铁路全长 1 814.5 千米。

　　该线路浩勒报吉—岳阳段为双线，岳阳—吉安段为单线，预留双线条件；通道规划设计输送能力为 2 亿吨，建成运营初期输送能力达到 1 亿吨。2014 年该线部分区段开工建设，初期预计工期为 5 年左右。但随着煤炭市场供求关系的变化和国内煤炭价格的大幅下跌，该项目建设筹资面临困难，项目建设的预期收益也随之下降，整个通道预计建成时间将略有后延。

　　到 2020 年，预计新增内蒙古西部至华中煤炭运输通道。

　　库尔勒至格尔木铁路、格尔木至成都铁路，即成都至格尔木通道。该通道将成为第二个客货兼顾的出疆铁路通道，分为库尔勒至格尔木铁路和格尔木至成都铁路两段分期实施。该通道未来将承担南疆地区和部分北疆地区的煤炭往西南、华南等地区的运输任务。

　　库尔勒至格尔木铁路东衔青藏线西格段、格拉段和规划中的格成铁路，中连规划的和田至若羌至罗布泊铁路，西接南疆线吐库段、库阿段和规划中的伊宁至库尔勒铁路，在国家铁路网中具有十分重要的地位，对构建我国能源陆路通道安全、完善区域路网结构，加快沿线地区资源开发利用，加强民族团结、稳定边疆、巩固国防均有重要的意义。该线路为国铁Ⅰ级单线电气化铁路，2014 年底开工建设，工期 5 年，全长 1 215 千米。

　　格尔木至成都铁路，是成都至格尔木铁路的简称，是成库铁路的南段，是川青铁路的重要部分。成格铁路东起四川成都，与成昆铁路、成贵铁路、成渝铁路、成遂渝铁路、宝成铁路相连，西至青海省格尔木，与格库铁路、敦格铁路、西格铁路相连，是连接青海省腹地和四川省的一条铁路，同时也是大西北联系大西南的一条重要铁路，对西部众多资源进行整合和开发、带动沿线地区扶贫开发、完善我国西部铁路网具有十分重要的作用。该规划线路为国铁Ⅰ级单线电气化铁路，规划全长约 1 271 千米。

　　到 2035 年，预计新增库尔勒—格尔木—成都运输通道，铁路西部能源大通道基本成型，展望 2050 年，到规划期末铁路西部能源运输通道将没有较大变化。

　　2）重点强化和完善铁路煤运通道集疏运系统

2015 年全国煤炭产量 36.85 亿吨，同比下降 5.15%，而 2015 年全国铁路煤炭发送量 19.94 亿吨，同比下降 12.6%。由于铁路货运价格的连续上调，煤炭市场不景气造成的价格大幅下滑，铁路煤炭运输的竞争力在不断削弱。从铁路运力上看，由于近期张唐铁路、山西中南部铁路通道等煤运铁路逐步投入运营，既有线货运能力得到快速释放，我国铁路煤炭运输能力预计将达 30 亿吨左右，干线煤炭运输能力将不存在运能紧张的问题。结合现状，西部煤炭运输通道铁路干线的运力较为充足，其短板在于集疏运系统、集运设施配套不到位。

在西部煤炭运输大通道的构建中，集运站和专用线的建设和强化是重点，促进了相关干线煤炭运输增运上量。集运站具有采购、仓储和转运等多项功能，可快速地将从各煤矿组织来的煤源通过高效的装车系统进行装车，进入铁路干线进行运输，大大地提高铁路干线的综合利用效率，是铁路干线建设必须配套的集运装车点系统。没有配套的集运站建设，就不可能向干线输送充足的煤炭。在集运站装运煤炭后，列车可直接接入主干线，可缓解主干线上有限的装运站点仓储能力和装车能力的制约，也可减少公路运输里程，节省运输费用。

对煤炭运输通道集疏运系统进行强化和完善，可以进一步发挥既有相关铁路煤运通道的运输潜力，提高铁路煤炭运输的竞争力，降低煤炭运输价格，有助于构建更加高效、畅通、稳定的大能力西部煤炭运输通道，支撑国民经济持续健康发展。

3. 电力通道

我国未来电力需求分布呈西移北扩的趋势，但负荷中心仍将集中在中东部地区。综合考虑我国电力负荷及电源布局，未来我国将形成大规模的西部、北部电源基地向中东部负荷中心送电的电力流格局。其中，西南水电、西部和北部煤电及风电通过跨区跨省电网送入"三华"及南方电网负荷中心地区；周边发电资源丰富的俄罗斯、蒙古、中亚、东南亚等国家和地区就近向我国负荷中心地区送电。

1）2020 年电力通道规划

预计 2020 年，我国电网"三华"地区无法实现单个区域内的电力平衡，而华北北部和西北部、华中西部（四川西部）具有大规模的火电和水电基地，华北北部还具有大规模可以开发的风电，因此，"三华"构成一个基本平衡的区域是合理的，东北、西北的火电、风电可以采用直流方式送入。全国形成东北、西北、"三华"和南方四个同步电网。预计 2020 年，我国跨区、跨国电网输送容量将占全国电力总负荷的 25%~30%。

国家"十三五"规划将输电通道建设作为重点之一。规划要求，在实施水电配套外送输电通道的基础上，重点实施大气污染防治行动 12 条输电通道及酒泉至湖南、准东至安徽、金中至广西输电通道。建成东北（扎鲁特）送电华北（山东）特高压直流输电通道，解决东北电力冗余问题，适时推进陕西（神府、延安）电力外送通道建设。结合受端市场情况，积极推进新疆、呼伦贝尔、内蒙古西部（包头、阿拉善、乌兰察布）、陇（东）彬（长）、青海等地区电力外送通道论证。"十三五"期间，新增"西电东送"输电能力1.3亿千瓦，2020年将达到2.7亿千瓦。

2）2035年电力通道规划

2021~2035年，各地负荷增速放缓，但西部地区增速将高于东部地区，西北地区煤电、西南地区水电将有更多的部分被当地负荷消纳，因此在常规能源布局上将出现以下几个特点。

（1）进一步开发锡林郭勒盟、内蒙古西部、陕北地区的电源，在维持原有外送规模的基础上有所增长。

（2）大规模开发接续电源：①西藏水电，建设规模为4000万千瓦左右，其主要送电方向有两个，一是送至四川、重庆，接续原有川西水电，继续发挥原有的川西水电交直流电力外送功能；二是直达华中、华东负荷中心，满足新增电力市场需要。②进一步开发新疆伊犁煤电，送电至重庆、鄂东地区，接续川西水电及鄂东水电。③进一步寻求境外电源，主要为哈萨克斯坦的煤电，送至华东负荷中心，满足新增电力需求。

（3）大力开发风电为主的绿色电源，大规模风电可以采用直接或接续式接入交流电网，或采用风火打捆或直流的送出方式，送至"三华"电网消纳。

因此，从电源分布和负荷发展情况来看，电网发展将延续2020年的发展势头，但从满足需求的角度看，2021~2035年的建设规模将小于2020年之前，交流主网架主要为满足负荷需求而新增站点和加强输电通道。同时，将可能建设藏电外送、疆电外送和哈萨克斯坦电力送入等多回直流。

3）2050年电力通道规划

至2050年，我国电网发展面临的内外部环境将发生一定的变化。

（1）化石能源减少，能源危机问题突出，大规模新能源开发利用进入新阶段，新能源在一次能源消耗总量中所占比例达到一定水平。风电、太阳能等新能源具有大幅度、长时间尺度的功率随机波动特性，大规模新能源接入后解决新能源功率波动及保证清洁能源的高效可靠利用将成为电网的主要任务。

（2）全国用电负荷分布逐步趋于均衡，分布式电源在城市中发电比例升高，但负荷整体仍呈现稳步上升的态势。

（3）输电技术快速发展，超导输电、多端直流输电等先进输电技术可能趋于实用化，可以为我国未来电网发展提供更多的技术选择。2050年电力流情况很难准确预测，因此，前面对2050年的电力流格局进行了两种可能性的展望。

根据2050年的电力流格局情况，考虑2050年内外部环境的变化，预测2050年的电网发展模式可能有以下三种：超、特高压交直流联网模式，超导主网架模式，电源与负荷匹配模式。

第一，超、特高压交直流联网模式。该模式的前提条件是 2050 年电力流格局基本延续 2035 年的情况，跨国跨区电力流虽无大幅增长，但仍有大容量远距离电力输送的需求，此时，我国 2050 年的电网模式可能延续 2035 年的情况，在 2035 年网架结构的基础上继续发展。由于 2020 年我国电力需求翻一番，而 2050 年电力需求则接近于翻两番，故为满足电力输送的需求，2050 年可能将通过升高线路电压等级、采用更为先进的输电技术（多端直流、常规输电线路的改进）及增加线路回数等方式提高输电通道的输电能力。

第二，超导主网架模式。该模式的前提条件之一是 2050 年电力流格局延续 2035 年的情况，存在大规模远距离电力输送的需求；前提条件之二是常温超导技术实现突破，常温超导电缆可实现规模化生产且成本大幅降低。此时，由于常温超导电缆所具有的绝对优势，可采用先进的超导输电技术满足 2050 年大规模电力输送的需求。在这样的条件下，2050 年我国电网的网架结构可能向超导主网架模式转变。但需注意该模式的发展条件是常温超导技术取得突破且成本降低，而发展该模式时需考虑如何由原有网架向新型网架过渡。

第三，电源与负荷匹配模式。该模式的前提条件是 2050 年电力流格局不再延续 2035 年的情况，而是形成电源与负荷基本匹配的形式。此种情况下，大部分区域电源与负荷可以基本匹配，少部分区域仍需要电力的远距离输送。

由于中国电源和负荷分布极为不均，负荷中心的转移又是一个较为长期的过程，在几十年内依靠常规电源和负荷中心的转移形成电源与负荷匹配的电力流格局比较困难，除非核聚变等不受地理位置及能源分布限制的新型能源发电技术成熟，才有可能形成这一发展模式。

五、中国西部能源大通道构建关键技术需求

（一）油气通道

作为连接上下游产业的纽带和支撑国民经济发展的能源大动脉，长输油气管道担负着中国 70% 石油和 99% 天然气的输送任务，管道行业正处于大发展的战略机遇期。预计到 2035 年，中国油气管道总里程将超过 30 万千米，2015~2020 年干线管道建设里程将超过 4 万千米，耗钢 1 000 万吨左右，投运天然气压缩机组200 余套，大功率输油泵 100 余套，大口径阀门 2 000 余套，这为国产化产品应用提供了广阔的空间。

通过重大专项的科技攻关，油气管道装备国产化工作取得了重大突破，但总体来说配套技术还不完善。一些设备的核心部件，如燃气轮机叶片、大口径阀门、阀座及密封件等仍然需要进口，这在一定程度上影响了国产设备的成本和供货，需

尽快开展相关部件的技术研发，进一步提升国产化产品的技术水平和供应保障能力。目前国产 30 兆瓦级燃气轮机效率仅为 36.5%，比进口 GE 公司（General Electric Company，即通用电气公司）燃气轮机低 4.6%，需进一步对燃机效率性能进行优化，提高其效率和可靠性。因此，要积极采取有效措施，推进国产化知识体系的建设。到"十二五"末，油气管道装备国产化要实现在设备种类上全覆盖；"十三五"末，实现油气管道装备 100%国产化，2020 年以后重点是对国产设备的性能指标加以改进，2035 年达到国际领先水平。未来几年内实现油气管道装备 100%国产化，首先要形成自己的配套装备和科技知识体系，如实验室、试验装备等，同时要建立自主知识产权，包括标准、专有技术、配套技术、专利等。

为实现上述目标，第一要坚持油气管道"1+N"的协同创新模式，与所有的相关行业和企业协同创新；第二要以工程应用为目标，以重大科技专项的研究主体和应用主体相统一为原则，建立各单位领导责任制；第三要以重大专项课题为基础，争取重大的技术突破，获取核心技术，建立可持续的国产化技术研究机制和体系；第四要建立国产化应用服务支持体系，同步解决国产化设备维修维护和配件研制，形成一支续支持国产化工作正常运转的维护保障队伍；第五要下决心培养优秀技术人员，形成管道装备国产化的专家队伍。

（二）电力通道

未来电网的发展需要新技术的推动，我国幅员辽阔，电网庞大复杂，其安全、高效运行需要各种技术的支撑。在 2035 年之前电网发展形势比较明朗的情况下，需要有重点地发展相关关键技术。例如，在发电方面，应重点发展风力发电、太阳能发电、分布式发电、核电技术等新型能源发电技术；在输电方面，应重点发展特高压交直流输电、多端直流输电、柔性交直流输电等实用技术，同时应有针对性地研究分频输电、半波长输电等新型输电技术。

从远期来看，2050 年我国电网发展模式并不十分明朗，但对新技术的研究始终是对未来电网发展的技术储备。因此，针对 2050 年的电网发展模式，应从多方面进行前沿性技术研究，使我国电网发展始终处于国际领先水平。具体的前沿性技术需求包括高温超导输电技术、常温超导输电技术、无线输电技术等。

高温超导输电技术在未来具有一定的应用前景，到 2050 年之前可能会实现商业化。但由于目前高温超导电缆设备电压等级较低，且需要冷却设备，很难采用该技术形成我国未来电网的主网架，但可以考虑将其应用在我国未来城市配电网中，以满足日益增长的区域负荷需求。相反，若常温超导输电技术能够实现商业化，则可能对电网发展产生颠覆性影响，改变整个电网的发展模式。目前国内外均已对高温超导输电技术有了一定的研究，并有了实际应用，我国对高温超导技术的研究也处于国际先进水平，但国内外对常温超导技术的研究仍进展缓慢。超导技术作为 21 世纪重点的前沿技术，应引起重视，未来我国应对高温超导技术进行进一步深入研究，争取尽早实现商业化，并对常温超导技术进行基础性研究，争取取得技术性突破。

除了发电技术、输电技术以外，电网的发展还依赖储能技术、电网技术、配用电技术等。储能技术研究包括超导储能、飞轮储能、压缩空气储能、抽水蓄能及电动汽车技术等；电网技术研究包括智能电网技术、电力市场技术及电网运行控制技术等；配用电技术研究包括智能配电网技术、微网技术及物联网技术等。

此外，未来对新材料和新设备的技术需求包括高性能电介质材料、超导材料及设备、新型电力电子材料及器件、新型电力电子装置、储能设备、新型输变电设备、柔性交直流输电设备及智能电器等。

从电网发展的技术需求来看，近期我国应重点研究特高压交直流输电、多端直流输电、柔性交直流输电等实用技术，有针对性地研究分频输电、半波长输电等新型输电技术，并对高温超导输电技术、常温超导输电技术、无线输电技术等进行前沿性研究。

第四章 基于能源互联网的西部能源大通道构建方案

一、能源互联网内涵及其构成要素

（一）能源互联网内涵

李克强在 2015 年的政府工作报告中提出，"制定'互联网+'行动计划，推动移动互联网、云计算、大数据、物联网等与现代制造业结合，促进电子商务、工业互联网和互联网金融健康发展，引导互联网企业拓展国际市场"[①]。同时还在工作总体部署中着重指出要推动能源生产和消费革命，"能源生产和消费革命，关乎发展民生。要大力发展风电、光伏发电、生物质能，积极发展水电，安全发展核电，开发利用页岩气、煤层气"[①]。"互联网+"行动计划和能源生产消费革命，两者结合在一起形成了能源互联网这个新名词，并引起了社会各界的广泛关注。在能源互联网背景下，传统的以生产顺应需求的能源供给模式将被彻底颠覆，能源互联网中各个参与主体既是"生产者"又是"消费者"，互联共享将成为新型能源体系中的核心价值观。

能源互联网是一种互联网与能源生产、传输、存储、消费，以及能源市场深度融合的能源产业发展的新形态，具有设备智能、多能协同、信息对称、供需分散、系统扁平、交易开放等特征。能源互联网是推动我国能源革命的重要战略支撑，对适应可再生能源规模化发展，提升能源开发利用效率，推动能源市场开放和产业升级，形成新的经济增长点，提升能源国际合作水平具有重要意义。

能源互联网是以电力系统为核心与纽带，多类型能源网络和交通运输网络的高度整合，具有"横向多能互补、纵向优化配置"和能量流与信息流双向流动特性的新型能源供用体系。其中，"横向多能互补"是指以互联网为手段，以历史和实时交易数据为基础，对不同能源的供应特性和用能对象的需求特性进行智能化

① 李克强：政府工作报告. http://cpc.people.com.cn/n/2015/0317/c64094-26702593.html，2015-03-17.

分析，实现跨能源种类的能源优化互补供给，实现能源经济、高效、安全利用；"纵向优化配置"是指在各能源网络中，面向生产、贸易、运输、存储、销售、用能等环节，通过先进的自动控制、信息通信、数据分析等技术，实现能量流、信息流和业务流的高度一体化，支持能源纵向运营优化，提升资源配置水平。能源互联网"横向多能互补"和"纵向优化配置"功能示意图见图 4-1 和图 4-2。

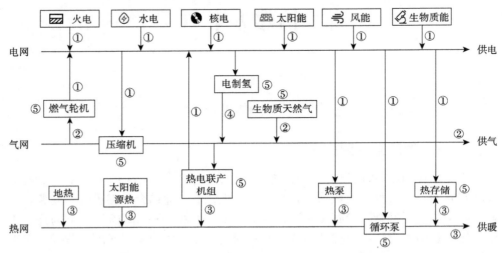

图 4-1　能源互联网"横向多能互补"示意图
①供电；②供气；③供暖；④氢气；⑤耦合原件

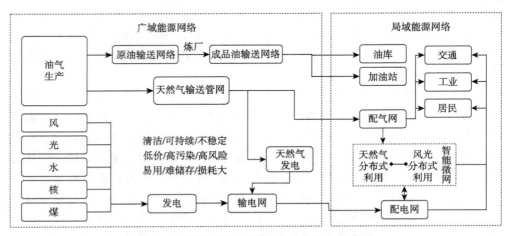

图 4-2　能源互联网"纵向优化配置"示意图

从互联网观念出发，能源互联网的主要特征有以下几点：

第一，开放。传统互联网之所以能够实现信息的高速实时传输，主要取决于其开放式的体系结构。能源互联网具有高度开放性，能够实现分布式可再生能源发电设备、储能设备、负载设备、电动汽车的无差别对等接入，以及能量流和信息流的快速流动。

第二，互联。一方面，能源互联网能够实现区域能源网络内部分布式电源、分布式储能，以及需求侧资源互联协调，进而能够实现内部能源供需平衡；另一方面，能源互联网能够保证各个局部能源网络、集中式可再生能源发电，以及大规模储能设备之间的互联互通与协调控制，保证整个系统运行的可靠性和经济性。

第三，对等。与传统电网自上向下的结构相比，能源互联网呈现出扁平化的组织架构，各参与主体既是"生产者"又是"消费者"，这也就意味着能源互联网要为各能量自治单元提供对等互联的服务，从能量交换的角度，能源互联网中的任意节点都是平等的。

第四，分享。分享是能源互联网的重要特征，能源互联网能够实现各局域网间的能量交换与路径选择的实时进行。能源互联网为能源和信息交互提供了一种共享平台，其通过能源流和信息流的双向流动促进了能源的高效利用和资源的优化配置。

第五，安全。安全可靠是能源互联网的必要特征。一方面，能源互联网覆盖区域广、气象环境差异大，而且用户对供电可靠性要求较高，确保能源互联网的安全极其必要；另一方面，能源互联网是关键公共基础设施，关乎电力、交通、天然气等管网，均是生命线工程，与城乡人民生产生活、国防等息息相关，因而其安全性是第一位的。

从能源供应网络的角度出发，能源互联网应具有以下特性：

第一，协调控制特性。能源互联网自下而上分层的能量协调控制体系具有很强的协调控制特性。其中，第一层为就地控制，即对分布式可再生电源、分布式储能，以及需求侧资源的就地控制，通过自动控制设备对分布式可再生电源出力、分布式储能充放电策略，以及需求侧资源调控策略进行控制；第二层为区域控制，对与主干网连接的区域能源网络进行局部的优化控制，对区域内所有的分布式电源、储能，以及需求侧可控资源进行协调控制，保证局部电网内部状态的稳定；第三层为全局控制，对各局部电网、主干网，以及集中式大规模可再生能源发电、大规模储能设备进行协调优化控制，保证在更大范围内优化能源资源配置。

第二，诊断自愈特性。能源互联网能够利用其先进的检测与控制设备实施自动故障检测，对网络中的突发事件或者紧急情况做出反应，隔离故障器件或者局部网络，实现网络的快速重构，以及各个微型能源网络孤岛与并网运行状态的平滑切换，保证系统内能源电力的正常供应。

综上所述，能源互联网的核心特征就是将互联网中"开放、互联、对等、分享"的价值体系和相关技术与传统能源供应体系相融合，构建一个以可再生能源为主的一次能源，一个能够实现分层协调控制、保证能量流和信息流实时交互流动、具有较优协调控制特性和诊断自愈特性的新型能源供用体系。

（二）能源互联网构成要素

能源互联网构成要素包括跨国或跨洲大型能源基地之间的广域能源互联网、国家级骨干能源互联网、智慧城市能源互联网、用户域能源互联网及市场域能源互联网，在信息通信网和技术标准及法规的支撑保障下，实现各级能源互联网络的能量、信息、资金的传送及交换、运营及交易等活动。

能源互联网传输的有一次能源也有二次能源；能源互联网市场主体既包括发电商、网络运营商，也包括售电商、第三方服务商和终端用户。信息通信网由跨国广域能源互联网、国家骨干能源互联网、智慧城市能源互联网等运行控制、管理服务直接相关的信息通信网络构成，这些信息通信网支持物理网络的运行控制，同时也支持能源或能量的交易及服务；用户域能源互联网及市场域互联网以公共通信方式为主。信息通信网承载多种信息通信服务，其安全性应满足国家法规。

能源互联网构成要素图，如图4-3所示。

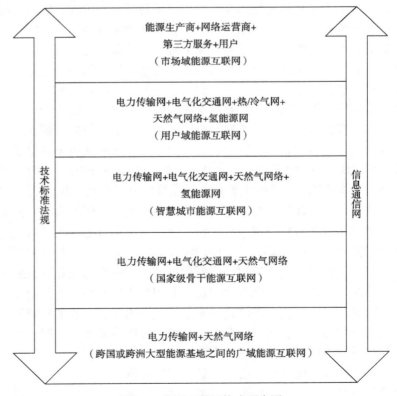

图4-3 能源互联网构成要素图

能源互联网概念架构包括多能源层、能源路由器、主动负荷和多能源市场。多能源层在跨国广域能源互联网、国家级骨干能源互联网、智慧城市能源互联网、用户域能源互联网、市场域能源互联网等不同层次的能源互联网中耦合程度不同。能源路由器能实现电力、天然气、冷/热气等多能源连接、转换、存储，是一种全新的能源转换和存储装置，其规划设计、能量协调与优化、运行控制等技术还有待进一步研究。主动负荷既包括冷、热、电负荷，又包括分布式发电、电动汽车和储能装置。多能源市场部分在开放平台支持下，实现了电能交易、新能源配额交易、分布式电源及电动汽车充电设施监测与运维等多种新型业务。能源互联网概念架构图，如图4-4所示。

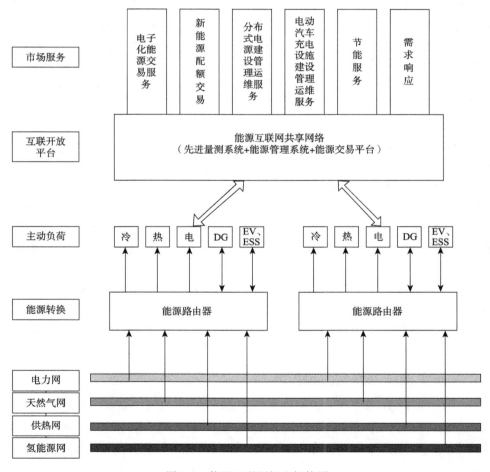

图 4-4　能源互联网概念架构图

DG：distributed power generation，即分布式发电。EV：electric vehicle，即电动汽车。

ESS：energy storage system，即能量储存系统

其中，跨国或跨洲大型能源基地之间的广域能源互联网涉及新能源发电和常规发电的远距离传输，也涉及天然气的远距离传输，这两种能源应是独立规划和传输的，在战略规划层面可能会有一定相关性。

国家级骨干能源互联网涉及三种网络，即电力传输网、电气化交通网、天然气网络。电力传输网直接为电气化交通网提供动力来源，需要统一规划协调，但是在运行控制、管理运营等层面是独立的；电力传输网和电气化交通网在规划层面存在一定的协调，在运行控制、管理运营等层面是独立的。这一层面，三网的耦合度较低。

智慧城市能源互联网包括电力传输网、电气化交通网、天然气网络，未来还有氢能源网，在市政设施规划层面需要高度协调、统一规划，在运行控制层面独立运行，在经营管理、市场交易层面可联合优化运行；根据需要，电力传输网、天然气网络、电气化交通网、氢能源网实现一定程度的能源转化和耦合，并随着相关技术发展增强耦合度。

用户域能源互联网包括电力传输网、电气化交通网、热/冷气网、天然气网络，以及氢能源网，在城乡社区、园区规划层面需要高度协调、统一规划，在运行控制层面独立运行，在经营管理、市场交易层面可联合优化运行；根据需要，电力传输网、天然气网络、热/冷气网、电气化交通网、氢能源网实现能源的相互转化和深度耦合。

市场域能源互联网包括常规发电、清洁能源发电、热电冷资源、天然气、氢能源等多元市场主体的批发及有条件的大、中用户市场交易、转送及服务。对我国来讲，这种形态能源互联网可充分利用智能电网成果，适应我国电力市场改革需求，较快速激活售电市场，同时提高我国可再生能源消纳能力，是电能消纳和激活市场的主体。

信息通信网贯穿能源生产、传输、配送、使用全过程，可能会有光纤、无线等多种通信方式，既支持能源企业内部的生产、传输、配送过程的调度和控制，也支持包含用户域、市场域的信息集成和服务；在不同断面，出于安全和经济上的考虑，信息通信网物理层应是分开的。

（三）能源互联网关键技术

能源互联网关键技术，是指可再生能源的生产、转换、输送、利用、服务环节中的核心技术，既包括新能源发电技术、大容量远距离输电技术、先进电力电子技术、先进储能技术、先进信息技术、需求响应技术、微能源网技术，也包括关键设备技术和标准化技术。其中，先进电力电子技术、先进信息技术是关键技术中的共性技术。能源互联网融合多种技术，实现了能源的协同优化利用。

1）新能源发电技术

新能源不仅包括风能、太阳能和生物质能等传统可再生能源，还包括页岩气和小堆核电等新型能源或资源。新能源发电技术包括各种高效发电技术、运行控制技术、能量转换技术等。在新能源发电技术方面，既包括研究规模光伏发电技术、太阳能集热发电技术、变速恒频风力发电系统的商业化开发、微型燃气轮机分布式电源技术、燃料电池功率调节技术、谐波抑制技术、高精度新能源发电预测技术及新能源电力系统保护技术，又包括研究动力与能源转换设备、资源深度利用技术、智能控制与群控优化技术和综合优化技术。

2）大容量远距离输电技术

大容量远距离输电技术是我国及世界能源革命的基础技术，是解决大型能源基地可再生能源发电外送的支撑手段。我国可以发展建设以特高压骨干网为基础的、可利用高压直流互联可再生能源基地实现覆盖全国范围的交直流混合超级电网，进而提高我国供电的灵活性、互补性、安全性与可靠性。大容量远距离输电技术包括灵活可控的多端直流输电技术、柔性直流输电技术、直流电网技术、海底电缆技术、运行控制技术等。其中，直流电网技术是解决我国能源资源分布不均带来的电能大容量远距离传输问题、大规模陆上和海上新能源消纳及广域并网问题，以及区域交流电网互联带来的安全稳定运行问题的有效技术手段之一。

3）先进电力电子技术

先进电力电子技术包括高电压、大容量或小容量、低损耗电力电子器件技术、控制技术及新型装备技术。以 SiC、GaN 为代表的宽禁带半导体材料的发现，使得人类为取得反向截止电压超过 20 千伏的限度成为可能。新型半导体材料制成的新器件（如 SiC 功率器件）与 Si 半导体器件相比具有开关损耗低、耐高温、反向截止电压高的特点，在未来的输电和配电系统中有可能成为新一代高电压、低损耗、大功率电力电子装置的主要组成器件。在控制策略方面，数字信号处理器性能的升级，使得系统控制策略灵活多样。多种非传统控制策略，如模糊控制、神经网络控制、预测控制等控制技术，可以适应电网暂态过程的复杂控制策略，一系列软开关控制方法、系统级并联控制方法、重复控制、故障检测等复杂算法被整合在 DSP（digital signal processing，即数字信号处理）内，极大地增强了新型电力电子设备的灵活性与系统的可靠性。

4）先进储能技术

先进储能技术包括压缩空气储能、飞轮储能、电池储能、超导储能、超级电容器储能、冰蓄冷热、氢存储、P2G（power to gas，即电转气技术）等储能技术；从物理形态上讲，不仅包括可用于大电网调峰、调频辅助服务的储能装备，也包括用于家庭、楼宇、园区级的储能模块。风电、光伏等可再生能源发电设备的输出功率会随环境因素变化，储能装置可以及时进行能量的储存和释放，保证供电的持续性和可靠性。超导储能和超级电容储能系统能有效改善风电输出功率及系统的频率波动，该系统通过对飞轮储能系统的充放电控制，实现平滑风电输出功率、参与电网频率控制的双重目标；压缩空气储能是一项能够实现大规模和长时间电能存储的储能技术之一。储能技术及新型节能材料在电力系统中的广泛应用将在发、输、配、用电的各个环节对传统电力系统产生根本性的影响，储能技术及新型节能材料在电力系统中的广泛应用是电工技术研发的重点方向。

5）先进信息技术

先进信息技术由智能感知、云计算和大数据分析技术等构成，代表能源领域信息技术的发展方向。能源互联网开放平台是利用云计算和大数据分析技术构建的开放式管理及服务软件平台，实现了能源互联网的数据采集、管理、分析及互动服务功能，支持电能交易、新能源配额交易、分布式电源及电动汽车充电设施监测与运维、节能服务、互动用电、需求响应等多种新型业务。

（1）智能感知技术。智能感知技术包括数据感知、采集、传输、处理、服务等技术。智能传感器获取能源互联网中输配电网、电气化交通网、信息通信网、天然气网络运行状态数据及用户侧各类联网用能设备、分布式电源及微电网的运行状态参数，传感器数据经过处理、聚集、分析，为进一步改进提供控制策略。

（2）云计算技术。云计算是一种能够通过网络随时随地、按需、便捷地获取计算资源（包括网络、服务器、存储、应用和服务等）并提高其可用性的模式，实现了随时、随地、随身的高性能计算。

（3）大数据分析技术。大数据，是指无法在一定时间内用传统数据库软件工具对其内容进行提取、管理和处理的数据集合。能源互联网中管网安全监控、经济运行、能源交易和用户电能计量、燃气计量及分布式电源、电动汽车等新型负荷数据的接入，使得其数据量比智能电能表数据量大得多。从大数据的处理过程来看，大数据关键技术包括大数据采集、大数据预处理、大数据存储及管理、大数据分析、大数据展现和应用（大数据检索、大数据可视化、大数据应用、大数据安全等）。

6）需求响应技术

需求响应，是指用户对电价或其他激励做出响应改变用电方式。通过实施需求响应，既可减少短时间内的负荷需求，也能调整未来一定时间内的负荷，实现移峰填谷。这种技术除需要相应的技术支撑外，还需要制定相应的电价政策和市场机制。一般来说，需要建立需求响应系统（其包括主站系统、通信网络、智能终端），依照开放互联协议实现电价激励信号、用户选择及执行信息等双向交互，达到用户负荷自主可控的目的。在能源互联网中，多种用户侧需求响应资源的优化调度将提高能源综合利用效率。

7）微能源网技术

微能源网，是指一个城乡社区或园区、工厂、学校等既可与公共能源网络连接，又可独立运行的微型能源网络。微能源网能实现园区内工业、商业、居民用户主要或全部使用可再生清洁能源发电，太阳能、生物质发电或氢能等可再生能源通过能源路由器接入微能源网。微能源网主要技术包括多能源协调规划、多能源转换、优化协调控制与管理、分布式发电预测等技术。

8）关键设备技术

能源互联网的关键设备技术包括能量的捕获与转换、能量的传输、能量的分配和使用、不同能源网络之间的接口、能源的存储等技术。

9）标准化技术

能源互联网标准体系可由规划设计、建设运行、运维管理、交易服务等标准构成。能源互联网亟须构建标准体系，分步骤推进标准体系建设。同时，由于能源互联网涉及众多设备、系统和接口，第一位需构建的是能源互联网开放平台标准，包括接口标准等。

二、各能源"互联网+"发展现状

目前，我国能源行业改革进入深水期，行业调整结构到了迫切需求转型升级的关口，能源企业纷纷希望借助"互联网+"来实现改革、开拓、创新的发展新局面。通过推进"互联网+能源"建设，实现智慧能源多元化、规模化发展和广泛应用，有助于推动产业结构调整升级、支撑能源供给侧改革和能源市场开放。

能源产业的产业链条长，当其与互联网结合时可以产生上游的 B2B（business to business，即企业与企业间的营销）行业垂直电商、B2B 现货交易平台和期货交易平台、O2O（online to offline，即线上到线下）商业消费模式，以及基于大数据的第三方工业节能商业模式，甚至产生基于资产证券化的互联网金融商业模式。因此，"互联网+能源"将会催生出能源产业链各环节的新型商业模式，进而带动产业升级。

（一）"互联网+天然气"发展现状

"互联网+"与天然气行业结合的本质是传统天然气行业的在线化和数据化，通过天然气和信息的深度融合，形成一体化的天然气产业形态，如图 4-5 所示。

以智能应用体系中的用户收费服务为例，一是通过与第三方支付平台进行对接，用户将可以使用支付宝、网银、手机 APP 等线上方式进行缴费。同时公司还将开通微信服务号，用户可进行查询、缴纳、预存等事宜。二是通过建立以用户账户预存费为主导方向，将资金预存到本人的燃气账户中，抄表人员入户抄表后，

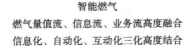

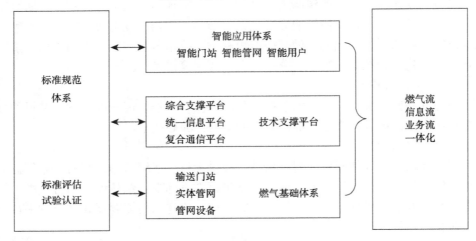

图 4-5　一体化的天然气产业形态

由收费系统自动在用户账户中扣除相应费用。三是通过与建设银行、中国银行、商业银行和民生银行合作，用户可办理银行卡自动扣款缴费业务，每月自动完成缴费，同时，IC卡燃气用户可以实现在银行自助缴费机上进行燃气缴费充值，选择就近银行网点完成缴费。

　　借助"互联网+"平台可以实现天然气行业信息化、自动化的管理，也可借助能源大数据的应用服务促进天然气行业的高速发展，大幅提升天然气行业的创新力和生产力。现有的典型"互联网+天然气"业务信息平台和交易平台发展情况，如图4-6所示。

　　图4-6为目前信息系统对主要业务的支持情况。目前的微能源网通过信息系统已经实现对绝大部分业务的覆盖，但对规划计划、市场开发、项目建设等业务的满足程度不高，对业务的支持水平有待进一步提升。对于燃气企业来说，它们掌握着最广泛的燃气消费数据及管网数据，融入"互联网+"是改进用户体验、提高管理效率、降低运营成本的重要机遇，其发展潜力不可小觑。它不仅会拓展燃气市场的外沿，为用户提供更好的能源利用体验，还将通过大数据分析，进行管网的优化，为用户提供更好的能源消费方案。同时，可降低运行成本，创新业务模式，为用户提供全方位的用能服务和更好的用能体验，也能为企业创造更大的发展空间。

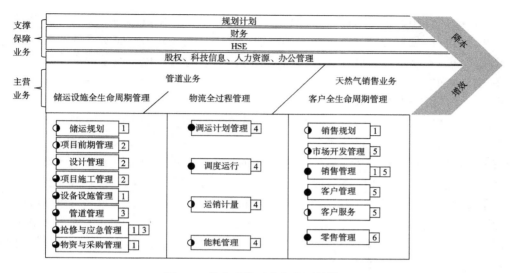

图 4-6　信息系统对业务的覆盖情况

1 天然气与管道 ERP（enterprise resource planning，即企业资源计划）系统　2 管道工程建设管理系统
3 管道完整性管理系统　4 管道生产管理系统　5 天然气客户关系管理系统　6 天然气销售系统
阴影面积的大小表示信息系统对业务的覆盖程度的大小

　　天然气的电子商品交易平台是"互联网+天然气"的另一种表现形式，这些平台将形成自有的价格信息、交易信息等数据，通过内外部数据模型和平台综合利用，可最大限度发挥数据的作用，形成更强的商业环境。我国现有天然气交易中心概况表，如表 4-1 所示。

表 4-1　我国现有天然气交易中心概况表

平台	交易方式	上线时间	交易种类	进展及影响
上海石油交易所	网上限时竞拍	2010 年	上海接收站进口 LNG	区域性交易，对周边定价有一定指导意义
宁波大宗商品交易所	现货递延交易	2013 年底	涵盖西北气、海气、川气、单点气源、接收站等 LNG 气源	成功交易，正在推广中
上海石油天然气交易中心	网上限时竞拍	2015 年 7 月	常规管道天然气、国产 LNG、进口 LNG、非常规气源、接收站窗口期等	首单线上交易实现三大油同台交易，首次实现管道天然气、页岩气、冬季供暖用气等线上交易，交易量稳步提升中
上海国际能源交易中心	期货电子交易	2018 年 3 月 26 日	原油、天然气、石化产品等能源类衍生品	原油期货在上海国际能源交易中心正式挂牌交易，成为我国首个国际化期货品种

（二）"互联网+石油"发展现状

　　"互联网+石油"，是指充分利用通信技术及互联网平台在社会资源配置中的优化和集成作用，让互联网与石油行业进行深度融合，创造新的发展生态，以提升整个行业的创新力和生产力。也即在油气勘探、油气开采方面实现降本增效、环境友好、安全生产；在输送方面实现数据采集、过程监控、设备运维与诊断；在销售方面实现产品的有效配置，并且合理流通工厂对市场变化的感知力，最终实现整条产业链的智能化和信息化。

在互联网时代，云计算、大数据、物联网对石油企业的生产、管理、营销、技术服务等产生了巨大的影响。虽然企业在信息化建设初期投入了大量的人力和财力，也遇到过重重困难和阻力，但大多企业在短短数年内打通了信息通道，消灭了信息孤岛，实现了降本节能、资源共享和协同创新，在数字营销、智能制造、共享服务、协同社交和互联网金融等领域取得了丰硕的成果。例如，大数据可以帮助工厂解决品牌繁多、产量过剩、库存积压的问题，交互平台可以搭建科研机构和企业之间合作的桥梁，整合的资源可以帮助企业解决疑难杂症，数据分析可以指导用户便捷地选择适宜产品，等等。

（三）"互联网+煤炭"发展现状

"互联网+煤炭"的实现有两个重要前提：第一，信息基础设施的广泛安装；第二，适应信息广泛流动、分享、使用的组织和制度创新，最终形成功能上关联互助、信息共享互换，以及信息与业务流程和应用相互支持交叉的全新商业生态。

互联网在煤炭行业的应用早已不新鲜，"互联网+煤炭"的侧重点主要集中在生产、安全、管理、销售等四大方面。安全生产方面，"互联网+矿井"已见雏形，目前已建成井下 GPS（global positioning system，即全球定位系统）人员定位管理系统、探放水虚拟仿真实操系统、环境监测系统、边坡监测系统、煤炭产量远程监测系统等重点信息系统。然而现有的系统以监测报警为主，预警功能不足，系统兼容性差，信息难以共享，抗干扰能力差，抗故障能力差，安全性能低，无宽带无线接入，没有将有线与无线、调度与应急通信有机融合，缺少人机环闭锁系统和一体化通信系统，等等。就管理而言，煤炭企业利用互联网实现了管理的信息化、自动化。就煤炭服务和销售而言，从最初的煤炭情报资讯平台，到煤炭供求发布网站，再到煤炭电子交易平台、煤炭 P2P（peer to peer，即个人对个人）融资平台，互联网和信息技术的创新，造就了其在煤炭服务中的应用不断升级。

部分大型国有煤炭企业通过建立互联网化的煤炭电子交易平台，可以实现信息交互、交易配对（资金结算）、仓储物流、剪切配送、满足小众个性化需求、价格发现和风险分担七大功能。通过平台进行交易，培养用户线上交易的习惯，产销双方直接在平台上交易，交易成功后，物流直接配送，取消了中间环节，降低了交易成本。通过平台解决信息不对称问题、减少中间环节，可以提高业务的流转速度，提升效率，降低成本。

就煤炭行业而言，现阶段我国还是比较缺乏与其相关的云计算、大数据战略。长期以来存在的职能"条块分割"格局，信息系统建设的"孤岛现象"，在促进云计算建设、加速数据流动中仍然是非常大的障碍。目前煤炭行业大数据发展较为缓慢，就连煤炭企业内部，生产、销售、运输等产运销一体的数据也难以实现顺畅流动。

（四）"互联网+电力"发展现状

现阶段，传统电力系统的垂直刚性结构正在被基于大数据和云计算的扁平化能源互联新型能源供需结构逐步取代。系统将拥有更多的资源进行整体运行的协调和优化，且电力市场中将会不断发展出新的交易品种和商业模式，引导电力市场健康有序发展。"互联网+电力"的应用探索主要包括以下几方面。

1. 电源侧探索

现阶段针对分布式电源波动性高、可控性差等特点，已有部分省级电网公司充分利用云计算、大数据等"互联网+"技术，开展了分布式电源与新能源并网、电力负荷预测、需求响应等优化研究，旨在提升分布式能源负荷预测及调控能力。

（1）网源协调优化。基于分布式电源的、用户可参与的网源协调优化及互动运行关键技术，以常规发电、分布式风光能源、抽水蓄能电站、电动汽车智能充换电站、用户储能设备、智能家电等产能、储能和用能节点为依托，利用大数据和云计算技术对"源-网-荷-储"各节点进行电能一体化采集、智能量测分析与自动控制。

（2）电力负荷预测。应用分布式计算、数据挖掘分析等新技术，针对不同区域负荷特征及气候、季节、用电时间、经济环境等外部因素的影响，构建多元线性回归、灰色预测等短期预测模型，趋势平均预测、二次指数预测等中长期预测模型，从时间趋势、区域电力、行业电力、重要客户电力等维度分析预测各地市、各分类电力负荷的时间分布和空间分布等多维度信息，提高负荷预测精度，为发电计划编制提供科学依据，为电网规划和运行提供决策支撑。

2. 输电环节探索

部分网省公司结合电网规模不断扩大、新能源发展迅猛、电网运行日趋复杂等特点，充分利用大数据、物联网、移动互联等技术在智能巡检、设备在线状态监测与故障诊断、智能化现场作业等方面进行研究，以提高公司安全生产能力及现场工作的信息化支撑能力。

（1）输电线路智能巡检计划制订。综合利用大数据、云计算技术，针对输电线路在线监测，根据线路分布特性和负载情况，实现巡检计划的智能生成、巡检任务的自动派发。

（2）输电线路智能现场作业。利用移动互联作业技术和可穿戴技术，实现了巡检轨迹及线路巡检到位率记录，输电设备、隐患点及设备缺陷位置快速定位，作业现场电子化全流程管理（发现缺陷实时上传、缺陷下发、现场消缺实时闭环），保证了输电线路的巡检和作业质量，提升了输电设备安全运行水平。

3. 变电环节探索

利用大数据、物联网及智能可穿戴移动互联网应用技术，实现变电现场作业信息化、电子化、规范化和智能化，最大限度减小现场作业的错漏，确保现场工作人员从计划、执行到完工确认形成一个闭环，提升巡检工作智能化水平，有效保障人身、电网和设备安全。

（1）基于大数据技术的巡检计划制订及故障预警。根据变电站、巡检人员、线路、设备健康状态等信息生成巡检计划及任务，生成个性化的巡检指导，包括巡检顺序、巡检工序、重点巡检部位等内容，实现变电巡检计划智能制订及任务派发。通过视频监控、环境在线监测、电缆在线测温、避雷器在线监测、高压接点无线测温等收集变电站基础信息，利用大数据技术及时将各类信息进行分析判断，在故障和灾害发生前期或初期及时进行预警，将故障事后报警变为智能分析预警，有效防止事故扩大，减少经济损失，提高经济和社会效益。

（2）基于物联网可穿戴设备的安全生产。通过对待检设备进行二维码扫描与匹配，实现定点检修作业；通过智能可穿戴设备的感应功能，实现检修人员高精度定位及近电告警；通过智能可穿戴设备的摄像及即时视频等功能，实现检修作业的远程监护，为现场设备故障研判提供直接的远程专家支持；通过统一视频监控平台、视频区域、对应设备及作业票的绑定，实现按票调取监控视频，实现对现场巡检作业的安全监督，有效保障人身、电网和设备安全及巡检工作质量。

（3）基于移动互联技术的标准化作业。根据待检设备属性和检修内容生成详细的检修操作票，通过现场移动设备实现电子化开票与审批，实现两票无纸化作业及检修现场音视频、感应监测数据关联；即时调阅设施设备信息及巡视检修记录，保证巡检工作质量；变电站巡检现场根据巡检工序和内容进行标准化作业，杜绝错漏操作发生，保证现场作业规范，提升现场巡检工作效率。

4. 配电环节探索

（1）管网设备及线路精益化管理。基于电网地理信息系统的坐标、高程、拓扑关系开展数字化采集和治理。整合 PMS（power production management system，即工程生产管理系统）、营销档案信息，充分利用物联网技术，通过射频识别智能感知设备，实现管网设备、线路及光纤的精确溯源、异常振动检测、有害气体探测等，为配网安全作业、管线精确定位和管线防外破提供技术支持。

（2）智能巡检。利用大数据及现场移动作业技术，针对具体设备灵活制订巡检计划，巡检现场无纸化闭环作业，减少班组重复录入，提升巡检效率。

（3）智能抢修。利用大数据处理和云计算技术，快速定位故障点，高效调拨抢修人员及物资；通过智能可穿戴设备，实现抢修现场与指挥中心之间高效互动、协同作业；通过移动互联技术，及时反馈及发布抢修进展，预防舆情事件发生；现场在线办理结票，提高工作效率。

5. 售电环节探索

综合而言，"互联网+售电"的产业布局就是以售电云平台为核心主导，进行"互联网+售电"生态圈的建设，提供从售电相关的云到前端的一系列整体解决方案。图 4-7 为售电运营一体化平台的业务框架。

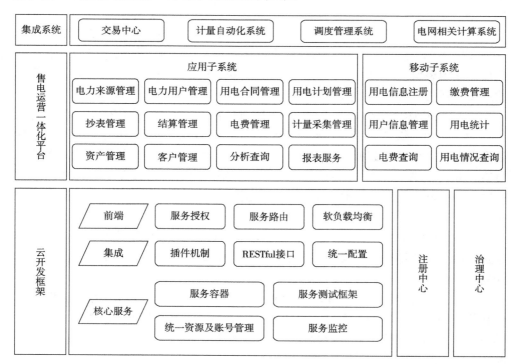

图 4-7　售电运营一体化平台的业务框架

售电运营一体化平台是在当前国家大力推进电力体制改革还原电力商品可以自由买卖交易的背景下，面向社会资本投资成立的独立售电公司、大型工业园区组建的售电公司、发电企业组建的售电公司、配售电企业组建的售电公司、分布式能源企业组建的售电公司、节能服务企业成立的售电公司等应用场景提供售电服务并对售电过程中的电能计量、计价、电费等过程进行管理的一体化综合管理平台。

6. 终端用户侧探索

充分运用大数据及移动互联技术，提高用电现场作业能力和智能化水平，开展用户用能分析及个性服务，提升供电服务品质。

（1）现场客户服务。基于视频互动和远程移动互联技术，采用电子签名、自动填单等业务办理技术，实现业扩报装、用电变更等实时在线业务受理；现场勘查环节利用地理信息系统定位迅速查找周边供电线路资源和信息，分析周边客户的负荷情况及线路的承载能力；根据用户的负荷情况，拟订最佳供电方案，利用移动作业技术实现现场勘查业务的全过程电子化录入，解决人工重复录入的问题。

（2）虚拟营业厅。利用云计算、移动互联、多媒体可视化技术建设远程自助一体化的虚拟营业厅，投放到人口高密度聚集地，提供业扩报装、电费缴纳、补换卡、用电咨询等与传统营业网点相同功能的远程"面对面"人工服务，减轻营业厅服务压力，提升公司服务形象。

（3）用户用能分析。通过安装用能监测仪器，实现大用户用能信息的实时采集，为大用户提供精准用能分析及用能优化方案；联合空调、电热水器等家电制造企业制定智能家电数据交互标准，结合智能采集器实现用电设备级的用能信息分析，通过提供个性化的用能分析为用户经济用电提供数据支撑；根据用户的用能特点，对同类用户有针对性地制定销售策略，为开展个性服务提供数据支撑，提升客户服务水平。

（4）智能用电。智能采集器、智能家电和移动 APP 应用技术，使电力用户通过电脑或手机即可灵活设定各类设备的用电方案，实现用电设备的智能化自动控制。

（5）智能充换电。充分利用物联网、移动应用互联技术，对充换电资源进行优化管理与调配，实现充换电资源地理位置查询、充换电资源状态查询、充换电等待时间查询、充换电业务预约等，实现充换电资源的高效利用，提升供电服务品质。

三、"多能互补"的必要性分析

（一）社会需求分析

1."多能互补"是推进能源革命的重要手段

针对习近平在中央财经领导小组第六次会议上提出的推动能源消费革命，以及形成煤、油、气、核、新能源、可再生能源多轮驱动的能源供应体系的要求[①]，亟须多能协同互补将需求侧与供给侧深度融合、统筹优化，实现清洁高效的多能协同供应和综合利用。这既是能源革命的核心诉求，也是推进能源革命的重要手段。

2."多能互补"是提高能效的必由之路

我国虽已成为世界上最大的能源生产国和消费国，形成了煤炭、石油、天然气、新能源、可再生能源全面发展的能源供给体系，但也面临着能源需求压力大、能源供给制约因素多、能源能效低等窘境。多能互补实现能源梯级和复合利用，是提高能源利用效率、实现节能减排的必然选择。

3."多能互补"是促进可再生能源消纳的有效举措

以中国"三北"地区为例，该地区弃风弃光问题突出，制约了可再生能源的发展和消纳。考虑到风电、光伏发电具有随机性和波动性的特点，通过实施多能互补，将风电、光伏发电与火电、水电协同运行，并辅以储能电池、蓄热装置，形成与用户负荷相匹配的能源供应，可有效减小系统调峰压力，促进新能源并网消纳。

（二）"多能互补"的市场需求分析

1."多能互补"是满足用户多样化需求的有效途径

现阶段，中国能源领域面临需求多元、供给单一的问题，亟须通过能源领域的变革实现供需的协同匹配。国家能源局公布，首批多能互补集成优化示范工程共安排 23 个项目，其中，终端一体化集成供能系统 17 个、风光水火储多能互补系统 6 个。多能互补集成优化工程可根据用户需求量身定制能源供应服务，既可以减少能源转换和输送环节、提高能源效率、降低用能成本、改善用户体验，也可以通过差异化和个性化的服务方案满足用户多样化需求。

[①] 习近平：积极推动我国能源生产和消费革命. http://politics.people.com.cn/n/2014/0613/c1024-25147215.html，2014-06-13.

2. "多能互补"是解决产能过剩的迫切需求

中国经济发展进入新常态后，能源行业内部也迎来了深刻变化。例如，能源消费增速放缓，煤炭、煤电、炼油等行业均出现一定程度产能过剩，新能源消纳受制约，等等。能源行业转型升级迫在眉睫，为此，能源供给改革应运而生，其要求形成与新常态下能源需求新形势相适应的生产能力。通过多能互补有利于培育新业态，吸引有效投资，在一定程度上解决能源领域的产能过剩问题。

四、基于能源互联网的中国西部能源大通道构建方案

（一）构建原则

1. 经济合理

改革能源利用方式的必要性依据，即能源的经济适用性。鉴于此，在多能互补的实施过程中，应探索和应用综合损耗小、系统效益高的协同结构和能源利用方式。

2. 供应安全

能源供应和安全关系中国社会经济发展的全局。尽管中国能源发展取得了巨大成绩，但也面临着能源需求压力巨大、能源供给制约较多、能源生产和消费对生态环境损害严重、能源技术水平总体落后等挑战。鉴于此，亟须以能源供应安全为前提和基础实施多能互补。

3. 环境友好

环境友好原则，是指在实施多能互补时，通过优化能源互补利用方式和配比减轻能源消费对环境的压力，减少污染物的排放，减轻环境负荷。大力推行清洁生产，走"低碳发展"、能源开发利用与环境保护相结合之路。

4. 系统高效

多能互补是一种利用能源之间的互补性，实现效率最大化的能源利用方式。因而，在多能互补的实现过程中，应遵循系统高效的原则，通过多种能源间的优势互补，实现系统效率最高。

（二）构建方案

以电网和油气管网为"广域网"，以城市配气网、配电网、分布式能源、微网

等为"局域网",采用广域、局域分散自治协同的模式,达到能源的按需传输和动态平衡,实现多种能源的纵向优化配置和横向多能互补。基于能源互联网的我国西部能源大通道构建方案,如图 4-8 所示。

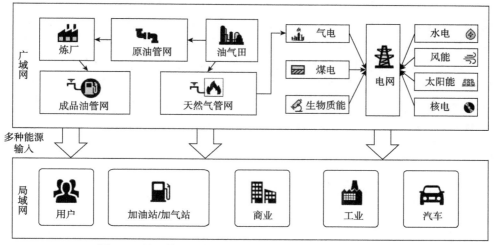

图 4-8　基于能源互联网的我国西部能源大通道构建方案

由图 4-8 可知,煤、石油、天然气作为一次能源,既可实现一次能源内部的直接协同和转换协同,也可转换为电力等二次能源,与电力实现协同互补。电力作为能源互联网的核心和纽带,具有一定的特殊性,其包含多种发电形式,可实现多源互补。同时,能源在转换和协同的过程中受能源供需、环境容量、单位能耗等的约束。各能源经过转换后借助包含公路、铁路、管道、电网等在内的综合能源通道实现向终端用户的供能。

(三)功能实现

1)峰谷性协同

由于用户的用能习惯及用能偏好,负荷曲线存在高峰和低谷时段。以电力为例,为平滑负荷曲线,减小峰谷差,促进电力系统安全稳定运行,高峰时段可借助储能这一等效电源实现电力供给,低谷时段则将储能视为用电设备进行电力消费。

2)季节性协同

能源利用的本质表征,即电、热、冷等的需求。由于冬季我国部分地区有供暖需求,但冬季气温变化的不确定性,以及中亚管道天然气可供给量的波动性,天然气需借助煤炭、风电等进行互补协同,以更好地满足冬季供暖需求。

3)地域性协同

由于煤炭、石油、天然气、可再生能源等分布的不均衡性,以及能源需求和利用的差异性，基于地域实现能源协同具有一定的可行性。截至 2016 年 12 月底，西北通过灵宝、德宝直流送华中、华东、华北、西南交易电量 103.32 亿千瓦时；西北通过德宝直流受入西南水电 44.96 亿千瓦时，其中，30.77 亿千瓦时通过灵宝转送华中、华北、华东。通过这种电力的跨区域输送和消纳，即电力跨区域协同，一方面可减少弃风弃光量，促进清洁能源消纳；另一方面有助于更好地满足用户用电需求。

4）随机性协同

风能、太阳能等可再生能源具有一定的随机性、间歇性和不可控性，这导致风电、光伏发电等可再生能源发电出力的不稳定性。鉴于此，可借助天然气、燃煤、燃油等能源与可再生能源进行结合互补和转化协同，快速响应风电、光伏等可再生能源发电输出功率的波动，减小出力波动给电网安全稳定运行带来的影响，提高可再生能源的利用率。

五、综合能源通道发展顺序优化

（一）层次分析法理论介绍

层次分析法是将与决策总是有关的元素分解成目标、准则、方案等层次，在此基础上进行定性和定量分析的决策方法。该方法自 1982 年引入国内以来，以其系统化、简洁实用、定性与定量相结合的特点，迅速被应用于能源系统分析、经济管理、方案评价等多个领域。

层次分析法的具体步骤如下。

1. 建立递阶层次结构

应用层次分析法解决实际问题，首先要明确目标，其次分析影响目标决策的各个因素，并将它们之间的关系条理化、层次化，最后用线将各个层次、各个因素间的关系连接起来，这就构成了递阶层次结构。

通常，层次分析法包含三个基本层次，即目标层、准则层和指标层。

（1）目标层：该层次仅有一个元素，多为待解决问题的预定目标或理想结果。

（2）准则层：即中间层，该层次包含了为实现目标所涉及的中间环节，可由若干个子准则层组成。

（3）方案层：该层次包含了为实现目标可供选择的各种措施、决策方案等。

2. 构造成对比较矩阵

比较第 i 个元素与第 j 个元素相对于上一层某个元素的重要性时，借助量化的相对权重 a_{ij} 来描述。若共有 n 个元素参与比较，则 $A = (a_{ij})_{n \times n}$ 称为成对比较矩阵，其具有如下特点：$a_{ij} > 0$，$a_{ii} = 1$，$a_{ij} = \dfrac{1}{a_{ji}}$。

a_{ij} 的值以数字 1~9 及其倒数为标度。表 4-2 列出了 1~9 标度的含义。

表 4-2　重要性标度含义表

标度	含义（针对 i，j 两个元素相比）
1	两个因素相比，前者 i 和后者 j 具有同样的重要性
3	两个因素相比，前者 i 比后者 j 稍微重要
5	两个因素相比，前者 i 比后者 j 明显重要
7	两个因素相比，前者 i 比后者 j 强烈重要
9	两个因素相比，前者 i 比后者 j 极端重要
1~9	介于上述相邻判断的中间
倒数	b_{ij} 为因素 i 比因素 j 的重要性，则 $1/b_{ij}$ 为因素 j 比因素 i 的重要性

3. 一致性检验

在层层排序中，要对判断矩阵进行一致性检验。判断矩阵唯有通过检验，才能说明其逻辑上是合理的，才能继续对结果进行分析。

检验成对比较矩阵 A 一致性的步骤如下。

（1）计算一致性指标 CI（consistency index）。

$$CI = \frac{\lambda_{\max} - n}{n - 1}$$

其中，$\lambda_{\max}$ 为矩阵 A 的最大特征值。

（2）确定平均随机一致性指标 RI（random index）。

RI 为检验成对比较矩阵 A 一致性的标准。按照各个判断矩阵的不同阶数（即 n）查表 4-3，确定相应的平均随机一致性指标 RI。

表 4-3　层次分析法各阶矩阵的平均随机一致性指标

矩阵阶数	1	2	3	4	5	6	7	8	9
RI	0.00	0.00	0.58	0.90	1.12	1.24	1.32	1.41	1.45

（3）计算一致性比例 CR（consistency ratio）并进行判断：

$$CR = \frac{CI}{RI}$$

判断方法为：当 CR<0.1 时，判断矩阵的一致性是可以接受的，即各元素间关系是符合逻辑的；CR≥0.1 时，判断矩阵不符合一致性要求，即各元素间关系存在某些不符合逻辑的现象，需要重新修正该判断矩阵，直到达到满意的一致性为止。

4. 层次总排序及决策

1）层次总排序

总排序是计算最底层各因素针对目标层的相对权重，采用从上至下的方法逐层计算得出的。

假设已算出第 $n-1$ 层 h 个元素相对于目标层的权重 $\boldsymbol{W}^{(n-1)} = \left(W_1^{(n-1)}, W_2^{(n-1)}, \cdots, W_h^{(n-1)}\right)^{\mathrm{T}}$，第 n 层 k 个元素对于上一层（第 $n-1$ 层）第 j 个元素的单排序权重是 $\boldsymbol{P}_j^{(n)} = \left(P_{1j}^{(n)}, P_{2j}^{(n)}, \cdots, P_{kj}^{(n)}\right)^{\mathrm{T}}$，其中，与 j 无关的元素的权重为 0，令 $\boldsymbol{P}^{(n)} = \left(P_1^{(n)}, P_2^{(n)}, \cdots, P_k^{(n)}\right)^{\mathrm{T}}$，表示第 n 层元素对第 $n-1$ 层各元素的排序，则第 n 层元素对于总目标的总排序为 $\boldsymbol{W}^{(n)} = \left(W_1^{(n)}, W_2^{(n)}, \cdots, W_h^{(n)}\right)^{\mathrm{T}} = \boldsymbol{P}^{(n)} \boldsymbol{W}^{(n-1)}$。

2）层次总排序一致性检验

同层次单排序一样，总排序也需要进行一致性检验，步骤如下。

第一，计算总一致性指标 CI。假定已计算出针对第 $n-1$ 层第 j 个元素为准则的 $\mathbf{CI}_j^{(n-1)}$、$\mathbf{RI}_j^{(n-1)}$、$\mathbf{CR}_j^{(n-1)}$，$j=1,2,\cdots,m$，则第 n 层的综合检验指标 $\mathbf{CI}_j^{(n)}$ 计算如下：

$$\mathbf{CI}_j^{(n)} = (\mathrm{CI}_1^{(n-1)}, \mathrm{CI}_2^{(n-1)}, \cdots, \mathrm{CI}_n^{(n-1)}) \boldsymbol{W}^{(n-1)}$$

第二，确定平均随机一致性指标：

$$\mathbf{RI}_j^{(n)} = (\mathrm{RI}_1^{(n-1)}, \mathrm{RI}_2^{(n-1)}, \cdots, \mathrm{RI}_n^{(n-1)}) \boldsymbol{W}^{(n-1)}$$

第三，计算总一致性比例：

$$\mathrm{CR}^{(n)} = \mathbf{CI}^{(n)} \big/ \mathbf{RI}^{(n)}$$

当 $\mathrm{CR}^{(n)} < 0.1$ 时，认为判断矩阵的整体一致性是可以接受的。

3）结果分析

分析排序结果，得出最佳的决策方案。

（二）基于层次分析法的东西部能源通道优化发展顺序分析

对区域能源物流系统而言，不同能源物流方式的配置受多方面因素综合影响，具有模糊性。本部分运用层次分析法进行区域能源物流系统优选分析，提出区域能源物流体系优化总目标，建立区域能源物流体系层次结构模型，确定目标层为优化能源通道配置方式。指标层为投资建设成本、环境影响、产业关联度、国家能源战略支持度、经济发展水平、能源资源状况、能源输送成本、能源需求状况。受公路运距影响，本部分在构建东西部综合能源通道时仅考虑铁路、管道和电网，即方案层为铁路、管道、电网，由此建立方案优选评价层次结构，如图 4-9 所示。

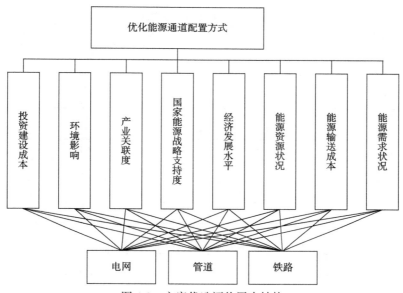

图 4-9　方案优选评价层次结构

基于上述递阶层次结构、Saaty 的相对重要性等级进行标度,构造成评价矩阵,见表 4-4~表 4-12。

表 4-4　准则评价矩阵

评价准则	投资建设成本	环境影响	能源资源状况	国家能源战略支持度	经济发展水平	产业关联度	能源输送成本	能源需求状况
投资建设成本	1	3	2	4	6	5	0.5	0.5
环境影响	0.333 3	1	0.333 3	4	3	3	0.2	0.25
能源资源状况	0.5	3	1	4	3	3	0.5	0.5
国家能源战略支持度	0.2	0.25	0.25	1	3	2	0.142 9	0.125
经济发展水平	0.25	0.333 3	0.333 3	0.333 3	1	0.5	0.25	0.142 9
产业关联度	0.166 7	0.333 3	0.333 3	0.5	2	1	0.333 3	0.125
能源输送成本	2	3	2	7	4	3	1	0.333 3
能源需求状况	2	4	2	8	7	8	3	1

表 4-5　投资建设成本评价矩阵

能源通道	电网	管道	铁路
电网	1	3	5
管道	0.333 3	1	4
铁路	0.2	0.25	1

表 4-6　环境影响评价矩阵

能源通道	电网	管道	铁路
电网	1	0.5	2
管道	2	1	2
铁路	0.5	0.5	1

表 4-7　能源资源状况评价矩阵

能源通道	电网	管道	铁路
电网	1	7	5
管道	0.142 9	1	2
铁路	0.2	0.5	1

表 4-8　国家能源战略支持度评价矩阵

能源通道	电网	管道	铁路
电网	1	3	3
管道	0.333 3	1	2
铁路	0.333 3	0.5	1

表 4-9　经济发展水平评价矩阵

能源通道	电网	管道	铁路
电网	1	5	4
管道	0.2	1	1
铁路	0.25	1	1

表 4-10　产业关联度评价矩阵

能源通道	电网	管道	铁路
电网	1	2	4
管道	0.5	1	2
铁路	0.25	0.5	1

表 4-11　能源输送成本评价矩阵

能源通道	电网	管道	铁路
电网	1	3	5
管道	0.333 3	1	2
铁路	0.2	0.5	1

表 4-12 能源需求状况评价矩阵

能源通道	电网	管道	铁路
电网	1	2	5
管道	0.5	1	2
铁路	0.2	0.5	1

基于上面阐述的层次分析法的应用和求解步骤，得出各评价矩阵的一致性求解结果，见表 4-13。由表 4-13 可知，本部分构建的评价矩阵具有满意的一致性，是可接受的。

表 4-13 评价矩阵的一致性求解结果

评价指标	参数值		
	最大特征值	一致性指标 CI	平均随机一致性指标 CR
投资建设成本	3.087	0.043	0.075<0.1
环境影响	3.054	0.027	0.046<0.1
能源资源状况	3.111	0.055	0.095<0.1
国家能源战略支持度	3.054	0.027	0.046<0.1
经济发展水平	3.006	0.003	0.005<0.1
产业关联度	3	0	0<0.1
能源输送成本	3.004	0.002	0.003<0.1
能源需求状况	3.006	0.003	0.005<0.1
准则层整体评价	8.560	0.080	0.057<0.1

基于上述一致性的判断结果，进行总排序与决策，结果见表 4-14。由表 4-14 可知，层次总排序的一致性指标 $CR^{(n)} < 0.1$，表明层次总排序结果具有较满意的一致性，可接受该排序结果。

表 4-14 方案整体评价结果

方案	评价得分	一致性指标 CI	平均随机一致性指标 CR	总体一致性 $CR^{(n)}$
电网	0.396			
管道	0.332	0.029	0.530	0.051<0.1
铁路	0.272			

最终得出综合能源通道的建设和优化顺序依次为电网、管道、铁路。因此，综合考虑投资建设成本、环境影响、产业关联度、国家能源战略支持度、经济发展水平、能源资源状况、能源输送成本、能源需求状况等因素，在构建和优化综合能源通道时，首先是进行东西部跨区电网体系的建设和优化，其次是管道运输网络的加强，最后是铁路运输网络的建设和优化。

六、综合能源通道利用及配置比例优化

基于东西部综合能源通道的优化发展顺序，结合能源供需情况、各能源输送成本、环境容量等因素，设计综合能源通道配置比例优化思路，如图4-10所示。

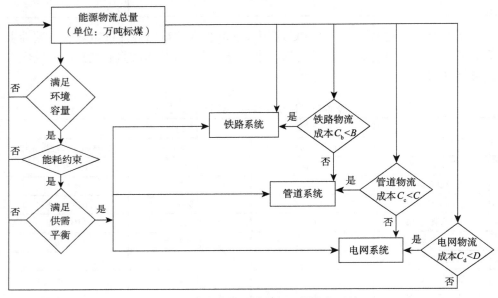

图 4-10　综合能源通道配置比例优化思路

成本数值：$D<C<B$

基于东西部综合能源通道输送各类能源的规模，以系统总输送成本最小为目标，以能源物流需求、系统能耗和系统排放为约束，构建线性规划模型进行优化分析。

目标函数为

$$\min Z = \sum_{i=1}^{3} A c_i x_i$$

约束条件为

$$\sum_{i=1}^{3} c_i = Q$$

$$M = \sum_{i=1}^{3} l_i \cdot q_i \cdot e_i$$

$$N = \sum_{i=1}^{3} d_i \cdot y_i \cdot h_i$$

$$x_i > 0，\quad c_i \geqslant 0$$

其中，Z 为区域能源系统总输送成本；x_i 为每吨千米标准煤的输送成本；c_i 为区域间标准煤的运量；A 为常量，表示区域间能源的平均运距；i 表示输送方式，i=1,2,3，依次表示铁路运输、管道运输和电网输送；Q 为区域能源物流需求量；M 为区域综合能源系统的总排放；l,q,e 分别为运距、运量和相应运输方式的碳排放强度；N 为区域综合能源系统的总能耗；d,y,h 分别为运距、运量和相应运输方式的单位能耗。

　　就数据收集和整理而言，三种能源物流运输成本可按不同量纲进行大约估计。天然气管道运输成本为每立方米 1.6 元左右；电网运输成本为输电平均损耗，在 7%~13%，此部分损耗列为主要运输成本。铁路运输成本有两种基价，分别为 13.8 元/（吨·千米）和 0.075 3 元/（吨·千米），按照平均 3 000 千米运输半径计算，运费为 180 元/吨。公路运输成本，主要以卡车每千米燃油费来计算，为一次线性增长，按照平均 1 000 千米运输半径计算，成本在 350 元/吨左右。

　　基于构建的优化模型及收集的数据，借助 LINGO 11.0 求解得到 2020 年西部综合能源通道的利用及配置比例中电网占比 42.9%、管道占比 30.9%、铁路占比 26.2%；2035 年西部综合能源通道的利用及配置比例中电网占比 46.1%、管道占比 29.8%、铁路占比 24.1%；2050 年西部综合能源通道的利用及配置比例中电网占比 53.6%、管道占比 27.2%、铁路占比 19.2%。

第五章　推动国际能源合作和西部能源大通道建设的政策建议

一、推动"一带一路"能源合作建议

1. 坚持市场化为导向，鼓励企业先行和企业以多种合作形式"走出去"

"一带一路"项目由政府及国有企业和国有金融机构作为先行者和主力军，这在初期阶段是必然的。但是，越早让民间资本以市场化的方式进入，越有机会避免国内在改革开放过程中走过的弯路，越有利于有效地实现"一带一路"倡议和控制"一带一路"项目的风险。如果在这一关键的国家政策实施过程中弱化民间资本的参与，最终将影响中国经济市场化的程度，这是对"一带一路"倡议的极大误解。基于以上分析，建议"一带一路"海外投资项目应该注重以下几点：

企业按照市场规律"走出去"，政府在合作政策、风险预警、筹融资方面给予指导和支持。组织更多民间资本参与国有经济在某些"一带一路"重点项目中将发挥主导作用，这也是不可取代的。但是如有可能，在适合市场化的部分尽可能吸引多元化的主体以市场化的方式参与，特别是要鼓励多元化的市场主体通过投资、融资的渠道进入。国内近来在 PPP 工程方面的一些措施，如民间资本控股，应当适用于"一带一路"项目。

要发掘民营企业和民间资本市场敏感度高的优势，鼓励民营企业和民间资本参与，甚至牵头一些"一带一路"项目。据了解，大量的民营企业和民间资本实际上对这些项目有相当大的兴趣，其中一些企业甚至在更早之前就已经探索在这些区域进行投资。对于民营企业和民间资本来说，投资"一带一路"项目最大的问题是，其企业规模有限无法单独应对高风险市场的项目，或者由于资源、信息和人才不足无力推进有价值的项目，而在这些方面，政府和国有经济提供帮助是非常有必要的。

2. 加强与"一带一路"沿线国家贸易和安保合作，加大能源与金融捆绑力度

在国家层面，加强我国与"一带一路"国家能源合作战略规划和多情景规划研究。通过战略规划理清我国与"一带一路"国家能源合作的发展思路和目标；通过多情景规划做好差异化应对，同时，在国家层面设立专门的"一带一路"贸易和安保协调机构，做好重大、突发性的风险防范工作，为企业"走出去"提供保障。

在政府层面，一方面强化政府指导协调机制，对"一带一路"能源合作统筹协调，避免国内企业在"一带一路"区域内的无序竞争，可综合运用"备案制""注册制""牵头单位制""联合作业制"等手段，因地制宜地解决国内企业在"一带一路"能源合作中的无序竞争问题。另一方面利用"上海合作组织""东盟10+1"等平台建立我国与"一带一路"沿线国家间双、多边经贸合作和安保机制，建立投资保护、税收、外汇、海关、劳务许可、标准等领域的国际协调机制。例如，在签证及劳务许可方面，建议通过国家相关部门推动，解决"一带一路"节点国家的劳务签证和"多次往返"签证问题。同时，简化相关审批程序、提高审批效率，进一步完善国际能源项目合作投资，以带动相关工程建设、工程技术、物资装备企业"走出去"的鼓励政策。

在企业层面，加强"一带一路"能源合作公共关系建设与管理，强化中国能源企业的品牌。充分考虑利益相关方的诉求，尽量多地吸纳当地居民就业，做好职业技能培训和多文化环境下的企业文化沟通宣传，实现可持续发展。另外，建议由国家能源局牵头，中石油、国家电力公司等企业出面组织，定期召开"'一带一路'国际能源合作论坛"，建立我国企业与"一带一路"能源企业的沟通机制，加强相互沟通和交流，进一步扩大"一带一路"国际能源合作规模和影响力。

在"一带一路"能源合作中，应充分借助我国资金和市场优势，开创具有"中国特色"的能源合作模式。加大"一带一路"能源与金融捆绑力度，发挥亚投行、丝路基金、金砖国家新开发银行等作用，以外汇储备、产业基金、外援资金为杠杆，撬动全球资金参与"一带一路"能源合作项目，建立利益共享、风险共担的金融支持方案；"两行一金"创新能源合作投资模式，在亚投行、金砖国家新开发银行、丝路基金中设立专项资金用于能源项目投资，从过去以贷款为主向投资入股的合作模式转变；对于一些"战略资源掌控类"和"风险勘探类"项目，建议其主要接受来自亚投行、丝路基金的投资；另外，建议推动"一带一路"结算平台的建设，争取能源合作项目实现人民币结算。

3. 建设国家级"一带一路"信息服务网，为企业"走出去"提供智力支撑

在"一带一路"倡议下，企业"走出去"意愿较强，但由于对海外资源国投资环境、投资政策和法律法规缺乏了解，企业"走出去"面临较大风险，建议建设国家级的"一带一路"信息服务网，其内容涵盖投资国概况、与我国的外交关系、投资环境、投资机会、投资风险、对外资的鼓励和限制政策、相关投资法律法规和签证制度等，为企业"走出去"提供智力支持。另外，也可以充分发挥行业协会、智库、专业咨询机构等机构在风险评估、预测和防控中的作用，建立全球各地各国的风险评估机制，尤其要加强对重点地区和国家的信息搜集、监测和研判，及时在网上发布境外安全风险预警和提示；加强对"走出去"企业人员的安全教育和培训工作，建立常态机制。

鼓励国内企业树立境外投资与全球和谐发展的理念，积极承担社会责任，与东道国形成互利共赢的可持续发展关系，建立造成恶性影响的黑名单，进一步维护和提升中国境外投资的声誉和国际影响力。加强对境外投资行为的监管，探索企业境外行为与国内监管的结合，建立企业境外投资的信用档案。

二、推动西部综合能源通道建设政策建议

1. 国家统一规划，顶层设计国家综合能源大通道基础设施管廊带

西部综合能源通道涉及长输油气管道、高速公路、铁路、跨区域输电网项目等跨区域、长距离的基础设施建设项目。上述项目除了具有一般工程项目特点外，还具有工程投资大、建设周期长、质量要求高、施工作业流动性大、社会依托性差等特点。控制性工程投资高、施工周期长、对施工队伍要求高，是制约整个工程顺利建成的关键因素。建议打破区域和行业限制，对西部综合能源大通道进行统一规划，对影响通道建设的关键因素开展专项研究工作，为具体项目提供参考借鉴。

2. 打破地方利益和行业壁垒，设立国家能源协调机制

能源问题涉及范围广泛，包括政府管理部门，能源相关的生产、运输和销售等多种能源供应系统，而其终端用能单元则遍及社会的各个行业、各个组成单元，最终与每个社会成员息息相关。因此，为保证社会能源供应系统的安全和可持续发展，必须打破地方利益和行业壁垒，在国家层面上进行统筹和协调，设立国家能源协调机制。

政府层面应建立健全管理体制，完善考核激励制度，制定合理的市场准入政策，加强市场管理，完善能源交易机制，规范市场秩序，打破省间壁垒，构建全国统一的能源市场，同时加强与地方政府及能源生产、运输和销售企业沟通协调，争取共识，形成合力。

3. 建立国家级能源大数据库，规范统一能源统计口径，为优化能源利用提供依据

目前能源数据统计标准口径不统一，国家、地方政府和行业能源数据不一致，能源统计信息滞后，给国家能源政策的制定造成了一定影响。为规范统一能源统计口径，为实现能源生产和消费革命提供智力支持，规范统一国家和各省区市能源统计口径和数据，提高能源数据话语权，为国家能源战略和能源政策制定提供参考，同时为国家优化能源利用提供依据，建议建立国家级的能源大数据中心，实时监控能源生产端、传输端和消费端数据，及时形成分析报告，制订针对性的能源供应方案。

4. 能源互联网相关建议

能源互联网支撑能源消费、生产、技术和体制革命，在我国能源领域中起着至关重要的作用。能源互联网的不断推进有助于改变传统分割、单一的能源消费模式，提高用能效率，实现节能减排。鉴于此，以下将基于国家和区域层面论述能源互联网构建相关的政策建议。

1）国家层面应建立科学有效的管理体制和制度

（1）应建立适应我国国情的国家能源综合管理职能部门，并由其制定相应的能源法律、法规，以协调不同能源供应参与方的利益。

（2）应建立综合能源研发机构，对能源领域的重大问题展开研究，以利于能源领域的合作、融合与协调发展。

（3）在政策上应允许和鼓励综合能源供应商的筹建，为终端用户提供一体化的能源解决方案。

2）区域层面应开展综合能源供应网络的规划工作

由于各种区域能源供应系统（电力、天然气、热力等）间彼此缺乏协调，长期存在设备利用率低、安全性低、灵活性差等问题。未来应逐步建立起适合综合能源供应系统运营的相关机制，并根据不同区域的实际情况，对各类能源的供应网络进行统一协调和规划，在实现多种能源输入的同时满足用户电/热/冷多种能量形式的需求，同时通过能源的按需匹配、逐级利用，来实现能源利用效率的优化，减少能源网络建设和运行费用。